Palabras de elogio para
Los cinco lenguajes del aprecio en el trabajo

Este no es solo un "buen libro", sino una gran herramienta; un recurso bien pensado, de mucha investigación y cuidadosamente adaptado para fortalecer a su equipo de trabajo, incrementar la unidad y la productividad, y reducir la rotación del personal. Cuando terminé de leer este libro me propuse organizar un retiro de trabajo para estudiar su contenido con nuestro departamento de Recursos Humanos. Lo recomiendo encarecidamente.

—**Chip Ingram**
Autor de *Holy Ambition*, Presidente y Pastor Maestro de *Living on the Edge*

Si el conocimiento y la sabiduría que Chapman y White ofrecen se practicaran en el trabajo, la iglesia y las organizaciones de voluntarios, habría una gloriosa revolución en las relaciones humanas.

—**Lyle W. Dorsett**
Profesor de Evangelismo [Billy Graham] de la escuela
de divinidades Beeson de la Universidad de Samford

La dignidad y el respeto personal siempre han sido el sello de los valores necesarios que sostienen las relaciones en el trabajo y en la vida. Me encanta lo que Gary y Paul han creado, y, así como con todas las buenas cosas, es exactamente lo que necesitamos para este tiempo en la historia de nuestra nación y para las presiones a las que enfrentamos en nuestros lugares de trabajo y nuestras familias. Nuestras empresas son realmente organismos —no mecanismos— que requieren de cuidado y fortalecimiento. Este libro fortalecerá a los individuos que realmente valoren la manera de tratar a las personas y a quienes deseen reforzar el compromiso de hacer lo correcto, no solo para su empresa, sino para con los empleados y comunidades en las que trabajan.

—**Peter Strople**
Director Ejecutivo de Zero2 Holdings, Ex Ejecutivo de Dell

¡No tenía idea de que había cinco lenguajes del aprecio diferentes! Y no todos hablamos el mismo lenguaje. Al leer el libro y pensar en ello, me pareció totalmente lógico. Las técnicas de dirección motivacionales son cruciales para el éxito a largo plazo de mi equipo de trabajo. Después de leer *Los cinco lenguajes del aprecio en el trabajo* ahora estoy mejor preparada para motivar a mi equipo de trabajo hacia un alto rendimiento mediante la aplicación de una metodología bien pensada, simple y personalizada que muestre mi verdadero aprecio por la calidad de trabajo.

—**Jane Corwin**
Directora Asociada Superior de la Universidad de Princeton
Oficina de planificación d̶e̶ ̶l̶a̶s̶

El profundo conocimiento que contiene este libro es invalorable ya sea para un empleador, empleado o voluntario. Los principios que los autores describen promueven un ambiente positivo, divertido y motivador. Ya les he dicho a mis amigos: "¡Cómprense este libro!".

—**Norm Wakefield**
Profesor Emérito del Seminario Phoenix

Para fortalecer a una organización es necesario fortalecer a sus empleados. Para fortalecer a los empleados, es necesario que los superiores demuestren aprecio de manera que maximice el efecto en cada individuo. En *Los cinco lenguajes del aprecio en el trabajo*, los doctores Chapman y White nos enseñan conceptos que tienen el potencial de cambiar el ámbito laboral y la cultura de las organizaciones del mundo. Un libro que todo directivo debe leer.

—**George W. Hester**
Presidente/Director Ejecutivo de Navitas, Ltd.

Cada curso de dirección de empresas resalta el valor del aprecio; pero apreciar de una manera que no se puede sentir es como no ser apreciado. Así como *Los cinco lenguajes del amor* promueven que las parejas se sientan amadas de una manera que entiendan, del mismo modo *Los cinco lenguajes del aprecio en el trabajo* aseguran que los miembros del personal sepan que se los aprecia. Este libro es una importante contribución a hacer que el lugar de trabajo sea un lugar más agradable, donde las personas se sientan apreciadas; un prerrequisito para ser más productivo.

—**Ian Mann**
Director de consultores empresarios Gateways

En demasiados lugares de trabajo los resultados importan más que las personas que trabajan allí. Gary Chapman y Paul White no están de acuerdo con esta práctica. En este libro, que nadie puede dejar de leer, ellos inclinan la balanza hacia el arte del aprecio. De manera creativa, pero muy práctica, muestran cómo apreciar a cada persona en el trabajo, lo cual automáticamente estimula la confianza y productividad del empleado. Este libro contiene la clave para transformar todos los ámbitos laborales en espacios seguros y efectivos donde las personas se sientan valoradas una vez más.

—**Stephan Joubert**
Consultor de liderazgo internacional y autor de más de cuarenta libros

Estoy contento de que el Dr. Gary Chapman y el Dr. Paul White hayan escrito este oportuno libro. No conozco una fuerza laboral más noble y eficaz que aquella que opera desde una posición de mérito, integridad y confianza, así como aquella que se destaca en el lenguaje del aprecio. Este libro le ayudará a transformar el lugar de trabajo por medio de valores piadosos y la simple perspectiva que afirma: "¡Las personas sí importan!".

—**Tan Sri Francis Yeoh**
Gerente general de CBE, Grupo de Compañías
Primus Inter Pares YTL (Primero entre iguales),
Distinguido con el galardón de la paz empresarial de Oslo 2010

Los 5 lenguajes
del
aprecio
en el trabajo

Cómo motivar al personal
para mejorar su empresa

GARY D. CHAPMAN
PAUL E. WHITE

PORTAVOZ

La misión de *Editorial Portavoz* consiste en proporcionar productos de calidad —con integridad y excelencia—, desde una perspectiva bíblica y confiable, que animen a las personas a conocer y servir a Jesucristo.

Título del original: *The 5 Languages of Appreciation in the Workplace* © 2011 por Gary D. Chapman y Paul E. White, y publicado por Northfield Publishing, 820 N. LaSalle Boulevard, Chicago, IL, U.S.A. Traducido con permiso.

Edición en castellano: *Los 5 lenguajes del aprecio en el trabajo* © 2011 por Editorial Portavoz, filial de Kregel Publications, Grand Rapids, Michigan 49501. Todos los derechos reservados.

Serie de iconos para los cinco lenguajes del aprecio © 2010 por Dr. Paul White y TriLion Studios. Todos los derechos reservados.
El Inventario MMA © por Dr. Paul White. Todos los derechos reservados.

Traducción: Rosa Pugliese

EDITORIAL PORTAVOZ
P.O. Box 2607
Grand Rapids, Michigan 49501 USA
Visítenos en: www.portavoz.com

ISBN 978-0-8254-1231-8

1 2 3 4 5 / 15 14 13 12 11

Impreso en los Estados Unidos de América
Printed in the United States of America

para ayudar a miles de líderes de empresas a crear un clima de trabajo más positivo y a mejorar la productividad de sus empleados mediante el aprendizaje del principal lenguaje del aprecio de cada uno.

Creemos sinceramente que lo que usted está a punto de leer le permitirá crear un clima corporativo en el que las personas se sientan profundamente valoradas y responderán a ese aprecio con una lealtad renovada y un compromiso fortalecido, lo cual contribuirá al éxito de su empresa.

DR. GARY D. CHAPMAN

Introducción

¿Se siente usted apreciado por las personas con quienes trabaja? Si es así, entonces probablemente le guste ir a trabajar cada día. Sin embargo, si no se siente apreciado, en ese caso puede que su trabajo sea solamente una forma de lograr que siempre haya comida sobre la mesa. Todos nosotros esperamos que nos paguen por el trabajo que hacemos, a menos que hagamos trabajo voluntario. A la mayoría de los empleados que reciben salario le gustaría ganar más. Pero el principal factor de la satisfacción laboral no es la remuneración, sino el hecho de que la persona se sienta (o no) apreciada y valorada por el trabajo que hace. De acuerdo con investigaciones realizadas por el Departamento de Trabajo de los Estados Unidos, el 64% de los estadounidenses que renuncia a su empleo lo hace porque no se siente apreciado.[1] Esto se aplica a empleados de cualquier jerarquía, desde los directores ejecutivos hasta el personal de limpieza. Hay algo en lo profundo de la psique del ser humano que clama por aprecio. Cuando esa necesidad se encuentra insatisfecha, disminuye la satisfacción laboral.

> *El principal factor de la satisfacción laboral no es la remuneración, sino el hecho de que la **persona se sienta (o no) apreciada y valorada** por el trabajo que hace.*

A continuación presentaremos los comentarios que hicieron tres empleados que trabajan en contextos muy distintos, pero comparten el deseo de sentirse apreciados.

"No me iría si tan solo supiera que ellos valoran el trabajo que hago", dijo David. David tenía treinta años y era asistente del director de finanzas de una firma de bienes raíces para uso comercial. Había trabajado allí durante unos quince meses y, al principio, estaba muy entusiasmado ante la oportunidad de crecimiento personal y profesional que le otorgaba su puesto de trabajo. Sin embargo, con el tiempo se sintió cada vez más decepcionado.

David nos informó que había renunciado al puesto de contador que tenía en ese momento y que se iba para trabajar en otra empresa. "No se trata del dinero. Sucede que, haga lo que haga, sin importar cuánto trabaje o lo que logre, nunca oigo nada positivo. Si cometo un error, me lo dicen inmediatamente, pero si hago bien mi trabajo, solo hay silencio".

* * * * *

En una sesión que dirigíamos con el personal de una exitosa empresa industrial, Cintia dijo con sarcasmo:

—Sí, claaaro. Un día de estos.

—¿Qué? —le preguntó otra empleada.

Acabábamos de darle a cada empleado los resultados de su **Inventario de Motivación Mediante el Aprecio (MMA)**, y estaban leyendo el informe antes de que comentáramos los resultados en el grupo. Los resultados de Cintia mostraban que su principal lenguaje del aprecio son los *Actos de servicio*. Cintia es el tipo de persona que se siente alentada cuando sus colegas se ofrecen a ayudarla a terminar su trabajo, especialmente cuando el volumen de trabajo es demasiado pesado.

Casualmente, Cintia era la asistente ejecutiva del patriarca y director ejecutivo de una empresa familiar. Había trabajado con él durante más de veinte años y lo conocía más que cualquiera.

Aunque el señor Fernández, que ahora rondaba los setenta, solo trabajaba medio tiempo, Cintia todavía tenía mucho trabajo para hacer: planificar sus numerosos viajes, administrar sus asuntos personales y mantenerlo informado de cómo iba el negocio.

Cintia expresó en su informe del MMA que si sus colegas (o su supervisor) deseaban mostrarle su aprecio, podrían ayudarla a terminar su trabajo cuando ella se sintiera abrumada. Esto es lo que dijo: "Si el señor Fernández levantara un dedo para ayudarme con alguna tarea, me caería redonda y moriría de un paro cardíaco". Estaba bromeando..., pero había sarcasmo en su humor.

Sabíamos, al igual que sus colegas, que Cintia había decidido "esperar el momento oportuno". Ganaba un buen salario (según dijo, era la asistente ejecutiva mejor pagada de su comunidad) y estaba por cumplir la edad de retirarse. Y aunque era una de las empleadas más insatisfechas y enojadas, probablemente no renunciaría en un futuro cercano... para disgusto de sus colegas.

* * * * * *

"¡Me encanta trabajar aquí! —exclamó Tamara—. No se me ocurre ningún otro lugar donde preferiría trabajar más que con el doctor Jones —continuó, mientras decía lo que pensaba con una sonrisa y un brillo en los ojos—. Ahora bien, no me malinterprete. El doctor Jones es exigente. Él espera que se haga bien el trabajo. Nos esforzamos mucho, vemos muchos pacientes y todos tenemos que ser responsables en el cumplimiento de nuestras tareas con el más alto nivel de calidad de atención a nuestros pacientes".

Habíamos oído de otras fuentes que el doctor Jones (un optometrista) trabajaba mucho, era eficiente y ofrecía una atención excepcional a sus pacientes. Y habíamos oído que los asistentes médicos hacían cola para trabajar con él.

—¿Por qué le gusta tanto trabajar aquí? —pregunté yo (Paul).

—Porque nos trata muy bien. Aunque el trabajo es intenso y urgente, él siempre hace cosas para asegurarse de que nos sintamos bien atendidos.

Me resultó intrigante su afirmación acerca de sentirse bien atendidos.

—¿En serio? ¿Cómo es eso? ¿De qué manera es atento con usted y el resto del personal?

—Bueno, en primer lugar, tenemos una reunión semanal de empleados en la que conversamos sobre lo que sucede en la oficina: lo que funciona bien y las áreas que nos crean dificultades. Y comentamos cómo podemos hacer que todo vaya mejor.

> *"Nadie podría convencerme de que me fuera a trabajar a ninguna otra oficina, **por mucho que me paguen**".*

"Una vez por mes pide el almuerzo para el personal (nos tomamos una media hora extra para esos almuerzos). A veces, durante estos momentos, nos habla sobre nuevas investigaciones o nuevas técnicas en la especialidad. Y en la época de Navidad, nos da un día libre pagado para que vayamos de compras y nos da una tarjeta de regalo de cien dólares para que la gastemos en el centro comercial. Pero lo más importante es que es una persona positiva y alentadora. Con frecuencia nos dice que estamos trabajando bien... individualmente y también como equipo.

"Nadie podría convencerme de que me fuera a trabajar a ninguna otra oficina, por mucho que me paguen".

* * * * * *

LOS CINCO LENGUAJES DEL AMOR EN EL TRABAJO

Estos son tres ejemplos de la vida real que muestran el efecto que causa sentir aprecio o la falta de este en el trabajo. Estos sentimientos se repiten una y otra vez, miles de veces, en diversos contextos laborales. La realidad es que lo que hace que una persona se sienta apreciada no hace que otra persona lo sienta. Por lo tanto, incluso en las empresas donde se considera importante el reconocimiento, los esfuerzos por expresar aprecio suelen ser ineficaces.

Como resultado del considerable efecto que ha tenido *Los cinco lenguajes del amor* sobre millones de relaciones personales y la importancia fundamental que tiene la comunicación eficaz del aprecio y el aliento en el trabajo, nos hemos propuesto aplicar los siguientes conceptos a las relaciones laborales. Las metas de este libro son:

*La realidad es que **lo que hace que una persona se sienta apreciada** no hace que otra persona **lo sienta**.*

- informarle acerca del concepto de los lenguajes del aprecio y ofrecerle una descripción práctica de cuáles son y cómo se ven en la vida cotidiana;

- ayudarle a identificar su principal lenguaje del aprecio, el secundario y el menos significativo para usted (con el **Inventario de Motivación Mediante el Aprecio**);

- ayudarle a ver cómo pueden utilizarse los lenguajes del aprecio para mejorar las relaciones de trabajo en una variedad de contextos;

- ofrecerle herramientas y sugerencias para aplicar los principios en su vida cotidiana.

Comencemos por comprender primero el concepto del aprecio en el trabajo y la importancia que tiene en el establecimiento y desarrollo de relaciones laborales positivas.

Los fundamentos

1

El concepto

Yo (Gary) cenaba con un amigo que es empleado de una importante organización sin fines de lucro. Le comenté que el Dr. White y yo estábamos trabajando en el *Proyecto Motivación Mediante el Aprecio*. Cuando finalicé mi breve introducción, le dije:

—¿Puedo hacerte una pregunta personal sobre tu propio trabajo?

—Por supuesto —me respondió.

Proseguí.

—En una escala del 0 al 10, ¿qué tan apreciado te sientes por parte de tu supervisor inmediato?

—Más o menos, un 5 —contestó. Pude detectar un dejo de desilusión en su voz cuando dijo "5".

Después formulé mi segunda pregunta.

—En una escala del 0 al 10, ¿qué tan apreciado te sientes por parte de tus compañeros de trabajo?

—Más o menos, un 8 —dijo.

—¿Cuántas personas trabajan en estrecha colaboración contigo? —indagué.

—Dos —respondió.

—¿Te sientes igualmente apreciado por esas dos personas? —pregunté.

—No —dijo—. Uno tendría un 6, y el otro, un 9. Por eso dije más o menos un 8.

*Cada uno de nosotros quiere saber que **lo que hace tiene importancia**.*

Las investigaciones indican que los empleados prefieren el reconocimiento de sus gerentes y supervisores en un margen de 2-1, más que el reconocimiento de sus compañeros de trabajo.[1] Sin embargo, la mayoría de nosotros estaría de acuerdo en que la vida es mucho más agradable cuando nos sentimos apreciados por nuestros colegas. Ya sea que usted sea un empresario, un director ejecutivo, un supervisor o un compañero de trabajo, este libro ha sido diseñado para ayudarle a expresar aprecio de una manera que resulte significativa para las personas con quienes trabaja.

¿Por qué es tan fundamental sentirse apreciado en el contexto laboral? Porque cada uno de nosotros quiere saber que lo que hace tiene importancia. Sin sentir que los supervisores y colegas los valoran, los empleados comienzan a verse como una máquina o mercadería fácilmente reemplazable. Si nadie nota el compromiso de una persona en hacer bien el trabajo, la motivación tiende a disminuir con el tiempo. Stephen Covey, autor del éxito de ventas *Los 7 hábitos de la gente altamente efectiva*, está tan convencido de la necesidad de aprecio que tienen las personas, que afirma: "Aparte de la supervivencia física, la mayor necesidad del ser humano es la supervivencia psicológica; el hecho de que lo comprendan, lo afirmen, lo valoren, lo aprecien".[2]

Cuando las relaciones *no* se cultivan mediante el aprecio, los resultados son predecibles:

- Los miembros del equipo experimentarán una sensación de aislamiento de los demás y del objetivo de la organización.

- Los trabajadores tendrán la tendencia a desanimarse y pensarán: *Siempre hay algo más que hacer, y nadie aprecia lo que hago.*

- A menudo los empleados comienzan a quejarse de su trabajo, sus colegas y su supervisor.

- Finalmente, los miembros del equipo laboral consideran la idea de dejar la organización y buscan otro empleo.

POR QUÉ EL "SOLO DIGA GRACIAS" NO FUNCIONA

Expresar aprecio a los empleados y colegas parece bastante fácil y simple. En algunos aspectos, lo es. Sin embargo, también sabemos que para que la expresión de aprecio sea eficaz en alentar a la otra persona, deben considerarse diversos factores.

En primer lugar, los investigadores descubrieron que los intentos de expresar aprecio de manera general en toda una organización no son muy eficaces. *Para que el reconocimiento y el aprecio sean eficaces, deben individualizarse y expresarse personalmente.* Intentar llevar a cabo una campaña general en toda la compañía, cuyo lema sea "solo diga gracias", no surte gran efecto. De hecho, en nuestro trabajo en conjunto con las empresas, descubrimos que este tipo de enfoque, en realidad, puede ser contraproducente y generar una reacción negativa por parte de los empleados. Las personas quieren que el aprecio sea genuino. El personal muestra escepticismo hacia los programas en los que a los supervisores se les da la instrucción de "expresarle aprecio a cada miembro del equipo laboral por lo menos una vez por semana". Aunque todos queremos saber que nos valoran, deseamos que sea auténtico, no forzado.

En segundo lugar, *para que el aprecio surta efecto, el receptor debe percibirlo como valioso.* Esto se relaciona directamente con la necesidad de comunicación individualizada. Así como las personas tienen un principal lenguaje del amor con sus familiares, también tienen un principal lenguaje del aprecio en el ámbito laboral.

El reto, desde la perspectiva del supervisor, es saber qué acciones dan en el blanco y expresan con eficacia el aprecio hacia un miembro del equipo. Por eso creamos el **Inventario MMA**, además de los "puntos de acción" específicos para cada lenguaje del aprecio. Quisimos crear una herramienta que ofreciera sugerencias de acciones precisas e individualizadas, que los empresarios y los líderes de la organización pudieran realizar para mostrar su aprecio por los miembros de su equipo sin tener que adivinar qué sería lo más significativo para cada empleado. Estamos de acuerdo con Buckingham y Clifton, quienes afirman en su éxito de ventas *Ahora, descubra sus fortalezas*: "Lograr la excelencia como gerente y transformar los talentos de su personal en fortalezas productivas y poderosas requiere de otro ingrediente de suma importancia. Sin ese ingrediente... nunca alcanzará la excelencia. El ingrediente de importancia fundamental es la individualización".[3]

*En el ámbito financiero actual, las empresas han tenido que **exigir** más que nunca al **personal**.*

En tercer lugar, otro importante descubrimiento de la investigación es que *es más probable que los empleados se desgasten cuando no se sienten apreciados o apoyados emocionalmente por sus supervisores.* En el ámbito financiero actual, las empresas han tenido que reducir el número de empleados, posponer o suspender los aumentos y las mejoras en la remuneración económica, y exigir más que nunca al personal. Este es el conjunto perfecto de condiciones para que los empleados se desanimen. Más trabajo, menos apoyo por parte de los demás, poco incentivo económico y el temor respecto del futuro se combinan para hacer que se sientan inseguros.

Hemos conocido numerosas organizaciones que buscan maneras de alentar a los miembros de su equipo laboral y recompensarlos por el trabajo bien hecho, pero que ya no pueden usar las recompensas económicas para dicho propósito. Esto se aplica particularmente al ámbito del gobierno, las escuelas, los organismos de servicio social y las organizaciones sin fines de lucro. Ahora, los directores y administradores deben encontrar formas de alentar a los miembros del equipo laboral, que no exijan grandes cantidades de recursos económicos.

Finalmente, existen algunas buenas noticias para estos líderes empresariales. Cuando ellos buscan activamente expresar el aprecio a los miembros de su equipo, todo el ambiente laboral mejora. En última instancia, los gerentes aseguran que disfrutan más de su trabajo. Todos nosotros prosperamos en una atmósfera de aprecio.

CUANDO EL APRECIO NO DA EN EL BLANCO

Como mencionamos anteriormente, cada uno de nosotros tiene un lenguaje del aprecio principal y otro secundario. Nuestro lenguaje principal nos llega con mayor profundidad que los demás. Aunque aceptamos el aprecio en cada uno de los cinco lenguajes, no nos sentimos verdaderamente alentados, a menos que el mensaje se exprese mediante nuestro lenguaje favorito. Cuando se envían reiterados mensajes que no están codificados en ese lenguaje, la intención del mensaje "no da en el blanco" y pierde el efecto que esperaba conseguir el emisor.

Todos tendemos a expresarnos con los demás de la manera más significativa para nosotros, o sea, en cierto sentido, "hablamos nuestro propio lenguaje". Sin embargo, si el mensaje no está codificado en el lenguaje del aprecio de sus empleados, puede que no signifique para ellos lo que significaría para usted. Esta es la razón por la que muchos empleados no se sienten alentados cuando reciben una recompensa como parte del plan de reconocimiento de la compañía: no se les habla en su lenguaje del aprecio preferido.

Por ejemplo, Elena siempre es la mejor en ventas de su departamento y tiene las mejores calificaciones en atención al cliente. En las reuniones cuatrimestrales de su departamento, muchas veces la hacen pasar al frente para recibir una recompensa. Para Elena, es como una tortura. Odia estar enfrente de un grupo y no quiere la atención pública. Lo que ella valoraría es compartir algo de tiempo con su supervisor de manera regular, donde pudiera transmitirle sus ideas sobre cómo mejorar la atención al cliente. Su principal lenguaje del aprecio es *Tiempo de calidad*, no *Palabras de afirmación*. A Elena le resulta incómodo que le ofrezcan reconocimiento público, y para ella es claramente una experiencia negativa... no una recompensa pública.

Este proceso de comunicación equivocada puede ser frustrante tanto para el emisor como para el receptor. Considere la siguiente situación:

"¿Qué le pasa a Miguel? —preguntó Clara a un colega—. Le dije que está haciendo un buen trabajo. Incluso le compré entradas para un partido de los *Yankees* de este fin de semana, para mostrarle cuánto valoro las horas extra que dedicó para terminar el proyecto. Sin embargo, anda deprimido y le dijo a Jaime que no siente que la gerencia valore de veras lo que él hace. ¿Qué quiere?".

Lo que quiere Miguel es la ayuda de sus compañeros de equipo cuando hay que terminar un trabajo. No le gusta trabajar solo, aunque está dispuesto a hacerlo de ser necesario. Él valora los *Actos de servicio* y se sentiría verdaderamente alentado si tan solo sus colegas o su supervisor se quedaran trabajando hasta tarde con él algunas noches y pusieran de su parte para terminar un proyecto. Decirle "gracias" o darle algún regalo después de los hechos está bien, pero no satisface realmente su necesidad emocional de sentir aprecio.

Considere el siguiente ejemplo de nuestras necesidades físicas. En distintos momentos del día, quizá sintamos sed, hambre o cansancio físico. Y una persona que quiere ayudarnos a sentirnos mejor puede hacerse cargo de proporcionarnos lo que percibe que necesitamos. Pero si usted tiene necesidad de tomar un vaso de agua, y le ofrecen un asiento para descansar... es bueno, pero no le quita la sed. O si usted se siente agotado por haber trabajado fuera de casa todo el día, y un amigo le ofrece un refrigerio, pero no le permite sentarse a descansar, el alimento puede darle un aumento temporal de energía, pero esa acción no le da el descanso real que usted necesita. Así también, los actos de aliento o las demostraciones de aprecio de maneras que no son significativas para un colega pueden ser apreciadas como un gesto agradable, pero la necesidad real de aprecio permanece insatisfecha.

¿QUIÉN PUEDE USAR LOS CONCEPTOS DE LA *MOTIVACIÓN MEDIANTE EL APRECIO*?

Cuando comenzamos nuestra investigación, observamos cómo los supervisores utilizaban los principios de la motivación mediante el aprecio para mejorar las relaciones laborales con sus subordinados. Sin embargo, cuando hicimos una prueba y pusimos en práctica el modelo en varias organizaciones (comerciales/sin fines de lucro, y entre diversos sectores industriales), encontramos una respuesta interesante. El concepto de alentar a los colegas y mostrar aprecio a los compañeros de trabajo fue valorado por personas de prácticamente todos los roles y contextos. De manera reiterada y constante, a los miembros del equipo laboral les entusiasmaba la idea de usar los conceptos tanto con sus pares y colegas, como con el personal a cargo. Nuestra conclusión es que las personas quieren alentar y mostrar aprecio a sus compañeros independientemente de la función que desempeñen en la organización.

Como resultado, en todo este libro usted encontrará que una y otra vez intercambiamos nuestra terminología (*supervisor*, *gerente, compañero de trabajo, miembro del equipo laboral* y *colega*) y también los ejemplos que usamos. Básicamente, los principios pueden aplicarse a cualquier tipo de relación jerárquica formal que tenga con los demás.

Esto nos lleva a la tesis central de este libro. Creemos que las personas necesitan sentir aprecio en el trabajo (sea un puesto pagado o voluntario) para disfrutar de su labor, hacer su mejor esfuerzo y seguir trabajando por mucho tiempo. Comprender de qué manera usted se siente alentado y de qué manera las personas con quienes usted trabaja experimentan el aliento puede mejorar significativamente sus relaciones laborales y su satisfacción laboral, y crear un entorno de trabajo más positivo. Es nuestra intención ofrecer las herramientas, los recursos y la información para ayudarle a obtener este conocimiento y aplicarlo de manera práctica y significativa en su contexto laboral.

Si usted no está convencido de que su lugar de trabajo necesita una mejor expresión de aprecio, por favor consulte el recurso: "Cómo detectar algunos indicios no tan sutiles que indican que sus colegas necesitan sentirse apreciados" del Conjunto de herramientas del aprecio que se encuentra al final de este libro.

REFLEXIÓN PERSONAL

Reflexione sobre lo siguiente:

1. *En una escala de 0-10, ¿cuán apreciado se siente por parte de su supervisor inmediato?*

2. *En una escala de 0-10, ¿cuán apreciado se siente por parte de sus compañeros de trabajo?*

3. *Cuando se siente desalentado en el trabajo, ¿qué acciones de otras personas lo alientan?*

4. *Cuando desea expresar aprecio a sus colegas, por lo general, ¿de qué manera lo hace?*

5. *¿Cuán bien cree que usted y sus compañeros de trabajo saben expresarse su aprecio entre sí?*

6. *¿Cuánto le interesa descubrir maneras eficaces de apoyar y alentar a las personas con quienes trabaja para poder crear un entorno laboral más positivo?*

2

Comprenda cuánto rinde invertir en el aprecio y el aliento

os líderes empresariales, ya sean propietarios o gerentes, dedican mucha tiempo a buscar la rentabilidad del negocio y a generar el rendimiento sobre la inversión para los propietarios. De hecho, el índice del rendimiento sobre la inversión es uno de los indicadores según el cual se evalúa el desempeño profesional de los ejecutivos y gerentes. Aunque la mayoría de los propietarios quieren que el personal disfrute de su trabajo y tenga actitudes positivas respecto de la compañía, en última instancia, los líderes empresariales evalúan los beneficios de cualquier programa o actividad en función de cómo afectan el bienestar financiero de la organización. Si una actividad —como el modelo *MMA*— no mejora el bienestar de la empresa y al mismo tiempo puede consumir la atención y la energía, ¿por qué querría probarla un gerente?

A menudo, cuando transmitimos el modelo de *Motivación Mediante el Aprecio* a ejecutivos empresariales y líderes de organizaciones, finalmente surge la pregunta: "¿Por qué?". "¿Por qué deberíamos preocuparnos por expresar aprecio a nuestros empleados? Les pagamos un salario justo. En la actual situación económica, deberían dar gracias de que tienen trabajo". "Sí, por un lado, quiero que estén felices y se sientan apreciados; pero, por otra parte, aquí estamos administrando un negocio. Aquí no se trata de dar abrazos y cariño; se trata de ofrecer bienes y servicios y, al mismo tiempo, obtener ganancias".

Esta respuesta no es algo fuera de lo corriente ni poco sensata para los que son responsables del bienestar financiero de una empresa. El mundo del trabajo es un entorno exigente con realidades crudas. Los supervisores y directores tienen que lidiar con la competencia global, los presupuestos reducidos, los aumentos impositivos y a menudo una plantilla de personal sin entrenamiento. Nadie tiene el tiempo o la energía extra para desperdiciar en proyectos que no contribuyan al éxito de la organización. Por lo tanto, una pregunta realista que se necesita responder es: "¿Qué beneficios obtendré yo (o mi organización) de expresar aprecio a mis empleados de manera sistemática y constante?".

En este capítulo, queremos responder esa pregunta para que los líderes empresariales puedan determinar si los beneficios compensan el costo de tiempo y energía que se debe invertir en el proceso de la motivación mediante el aprecio.

¡CÓMO HAN CAMBIADO LAS COSAS!

Cuando comenzamos con este proyecto en 2006, muchos informes proclamaban el problema inminente de no poder encontrar empleados de calidad. En ese momento, algunas de las principales dificultades que enfrentaban los empleadores eran una plantilla de personal insuficientemente entrenada, empleados que a menudo no tenían una ética de trabajo positiva y una reserva de recursos humanos en retroceso dado el envejecimiento de la generación de los *baby boomers* [los nacidos durante la posguerra (1946-1965)].

Por supuesto, en la actualidad, empleadores y empleados están ante un mundo diferente. La cada vez mayor globalización de la economía y el mercado mundial, que Thomas Friedman analizó primero en su reciente éxito de ventas *La tierra es plana*, se ha convertido en una realidad. En el pasado, las empresas competían con otras firmas locales, regionales o bien, a veces, nacionales. Sin embargo, ahora la mayoría de las compañías (y las personas que buscan trabajo) tiene competencia global por parte de empresas de la China, la India, Singapur, Kazajstán, el Brasil y muchos otros lugares. Las compañías ahora se ven obligadas a operar en un entorno cada vez más competitivo.

> *"¿Por qué deberíamos preocuparnos por expresar aprecio a nuestros empleados? En la actual situación económica, deberían dar gracias de que tienen trabajo".*

En segundo lugar, la recesión económica que comenzó en 2008 ha alterado significativamente el panorama empresarial. El efecto de la crisis financiera se ha sentido en todo el mundo. La economía estadounidense ha eliminado cientos de miles de puestos de trabajo. Muchas empresas y empleadores han tenido que hacer recortes de personal solo para mantenerse a flote. Los empleados que mantuvieron su empleo pueden haber sufrido reducciones en sus paquetes de beneficios; muchos no han recibido aumentos ni bonificaciones desde hace varios años, en tanto que las empresas hacen el intento de retener a su personal y al mismo tiempo seguir siendo viables en lo financiero. Tanto empleadores como empleados han tenido que hacer sacrificios en el ámbito actual. Pero el resultado final es que hoy día retener empleados de calidad es de fundamental importancia para las empresas y las organizaciones.

LAS CINCO PREOCUPACIONES PRINCIPALES DE LOS GERENTES

Cuando hablamos con grupos de líderes de empresas y organizaciones y les preguntamos cuáles son sus principales preocupaciones relacionadas con sus empleados, nos dicen lo siguiente:

*El resultado final es que hoy día **retener empleados de calidad es de fundamental importancia** para las empresas y las organizaciones.*

- desaliento,
- desgaste,
- sensación de agobio,
- pérdida de la cultura corporativa positiva que se construyó con los años,
- dificultad para alentar a los empleados al tener pocos recursos financieros disponibles.

Por lo tanto, mantener una moral positiva entre el personal sin ayuda de recompensas económicas es más urgente que nunca. El riesgo del desaliento y del desgaste de los empleados es alto. Empleadores y gerentes están preocupados y buscan soluciones.

La seguridad laboral —el sentimiento o la creencia de que el empleo es seguro— es fundamental para la mayoría de los trabajadores hoy. Pero ningún empleador puede *garantizar* la seguridad de sus empleados. Sin embargo, ayudarlos a ellos y a la plana mayor a sentirse valorados y apreciados puede contribuir a aliviar sus miedos. La mejor manera que conocemos de lograrlo es expresar aprecio a los empleados de la forma más significativa para cada uno.

POR QUÉ SE VAN LOS EMPLEADOS

Cuando hablamos a grupos o asesoramos a empresas, a menudo preguntamos lo siguiente: "¿Cuál cree que es la principal razón por la que las personas cambian de trabajo?". Las respuestas más frecuentes que recibimos son: "Para ganar más dinero" o "Para progresar y poder tener un mejor puesto". Sin embargo, sabemos que renunciar para ganar un mejor sueldo o cambiar de trabajo para escalar posiciones no son las razones por las cuales la mayoría de las personas dejan su empleo actual. De hecho, las investigaciones compiladas durante un período de cuatro años por parte de una de las principales empresas contratadas para realizar encuestas en los Estados Unidos arrojaron los siguientes resultados de miles de entrevistas:

Creencias: El 89% de los gerentes cree que los empleados se van para ganar más dinero, y solo el 11% de ellos cree que los empleados se van por otras razones.

Hechos: Sin embargo, en realidad solo el 12% de los empleados indicó que se iba para ganar más dinero, en tanto que el 88% de ellos expresó que se iba por razones distintas al dinero.[1] De hecho, las razones citadas más a menudo por empleados salientes eran de una naturaleza más psicológica, lo cual incluía no sentir que confiaban en ellos y no sentirse valorados. Cuando los miembros del equipo laboral ven que no se aprecia el aporte que realizan y que su supervisor o empleador no los valora, buscan empleo en otro lugar.

Los gerentes y empleadores necesitan incorporar esta realidad a sus planes. Sus empresas u organizaciones están en riesgo de perder miembros valiosos, principalmente, porque el personal no se siente apreciado por sus supervisores y compañeros de trabajo. La mayoría de los gerentes no es consciente de este hecho y, por lo tanto, se centra más en el poder de los beneficios financieros para retener a los empleados. Pero, como nos dijo un encargado que estaba harto: "No hay dinero suficiente que me pudieran ofrecer para quedarme. La falta de apoyo es terrible".

> *"No hay dinero suficiente que me pudieran ofrecer para quedarme. **La falta de apoyo es terrible***".

Lo interesante es que la empresa consultora Gallup informa que casi el 70% de las personas en los Estados Unidos dice que no recibe ningún elogio ni reconocimiento en el lugar de trabajo.[2] Por lo tanto, si la mayoría de los empleados afirma que no recibe ningún elogio verbal en el trabajo, es casi seguro que no se sienta apreciado en su actual contexto laboral.

EL ALCANCE DE LAS INVESTIGACIONES: EL APRECIO EN NUMEROSOS GRUPOS E INDUSTRIAS OCUPACIONALES

Hemos descubierto que muchas personas en el ámbito empresarial hacen suposiciones falsas sobre el aprecio en el lugar de trabajo. Una suposición es que hay ciertos tipos de grupos de carreras y ocupaciones que son más receptivas al concepto de la *Motivación Mediante el Aprecio*. En realidad, nuestra experiencia nos ha mostrado que no es así; la cuestión no es tanto del sector industrial o contexto laboral, sino más bien del propietario o gerente de la empresa.

Recopilamos una lista de profesiones, ocupaciones y contextos laborales en los que se habían publicado investigaciones respecto de la importancia del aprecio en el trabajo. Por favor, note que esta *no* es una lista exhaustiva, en parte porque hay nuevas investigaciones que se publican prácticamente todos los meses.

Médicos	Abogados
Empleados bancarios	Empleados públicos
Maestros de escuela pública	Contadores
Maestros de educación especial	Cuidadores de niños
Operarios de fábrica	Empleados corporativos
Trabajadores industriales	Empleados de organismos de gobierno
Pastores	Gerentes empresariales
Consejeros de rehabilitación	Profesionales tecnológicos de la información
Trabajadores sociales	Directores de escuelas parroquiales
Administradores de la educación	Árbitros de béisbol
Árbitros de básquetbol	Educadores no titulados
Enfermeras	Conductores de autobuses
Agentes de policía	Gerentes de hoteles

Obviamente, es amplia la variedad de ocupaciones y sectores que han demostrado sentir el efecto de la expresión de aprecio en el trabajo. Además, esta cuestión no se limita a los Estados Unidos; empresas y compañías multinacionales de toda Europa, Asia, Sudáfrica y Australia han descubierto que expresar aprecio en el trabajo tiene un efecto positivo.[3]

LA SATISFACCIÓN LABORAL:
LO QUE REVELAN LOS DATOS

Para convencer a los líderes empresariales de que los mensajes constantes e individualizados de aprecio a los miembros del equipo laboral ayudarán a su organización a ser más exitosa, necesitamos comenzar con el concepto fundamental de la *satis-*

facción laboral. La satisfacción laboral es una evaluación mensurable del grado en que un empleado (o voluntario) se siente satisfecho en su función actual en su lugar de trabajo. Los que investigan el desarrollo de las organizaciones y la administración de empresas han efectuado un estudio exhaustivo de este concepto. No podemos resumir aquí todo lo que hemos aprendido sobre la satisfacción laboral (se han escrito varios libros sobre el tema); pero podemos transmitir algunas de las conclusiones más importantes.[4, 5, 6]

El costo tremendo de la rotación del personal

La mayoría de los empleadores y gerentes sabe que uno de los costos más altos para una organización es el que paga cuando un empleado se va y debe ser reemplazado. En su análisis del costo de la rotación del personal, Abbasi y Hollman afirman: "La rotación del personal es una de las causas más significativas de la disminución de la productividad y del decaimiento de la moral tanto en el sector público como en el privado".[7]

Otros investigadores han esbozado "el costo visible" de la rotación del personal como un concepto que incluye el costo del cese laboral, los avisos clasificados y el reclutamiento de nuevos empleados, viajes de los candidatos, el costo asociado a la selección, contratación, asignación de tareas, orientación, reubicación y bonificación de contratación.[8]

En nuestra asesoría a empresas, los gerentes sistemáticamente informaron que el proceso de buscar, contratar y entrenar nuevos empleados es una de las tareas que más les disgustan. La mayoría de ellos se centra en finalizar las tareas. Quieren facilitar el logro de las metas del equipo. Tomarse el tiempo y la energía para encontrar nuevos

> *Los gerentes sistemáticamente informaron que el proceso de buscar, contratar y entrenar nuevos empleados es una de las tareas que más les disgustan.*

miembros del equipo laboral parece una interrupción. También es una tarea para la cual la mayoría de los supervisores no están entrenados. Como resultado de esto, generalmente no se sienten competentes ni cómodos con el proceso.

Existen otros costos y otras consecuencias ocultos de la rotación del personal: el puesto vacante hasta que llegue el nuevo empleado, la pérdida temporal de producción, el desgaste de la moral y la estabilidad de los que se quedan, la pérdida de eficiencia y el efecto sobre las relaciones con los clientes hasta que el nuevo empleado se aclimata a su puesto.[9]

Lamentablemente, desde el punto de vista de la organización, los miembros del equipo laboral que tienen mayor probabilidad de irse son los más talentosos, los mejor entrenados y los que tienen la capacidad de hacer una contribución positiva a una organización. Es más probable que se vayan, porque existen otras oportunidades de empleo disponibles para ellos.[10]

En resumen, la rotación entre los empleados es uno de los mayores costos controlables que tiene una organización. Algunos investigadores informan que el costo para la economía estadounidense es de, al menos, cinco billones de dólares al año.[11] Si una compañía puede retener a sus empleados de calidad a largo plazo, crea una ventaja competitiva sobre sus competidores al mantener bajos los costos y tener continuidad en las relaciones con sus clientes y proveedores.

La satisfacción laboral y el compromiso a largo plazo

Entonces, si los empleadores y gerentes desean retener a sus empleados, ¿cuál es la mejor manera de lograrlo? Tradicionalmente, los empleadores suponían que la retribución financiera y los beneficios asociados eran la clave para la retención de los trabajadores. Aunque esto es cierto para algunas personas y en algunos sectores (sobre todo en los niveles más altos de las empresas financieras), la mayoría de los empleados no deja su empresa actual por otro trabajo, principalmente, para ganar más dinero. Es interesante señalar que, incluso en ocupaciones manuales en las que el nivel de ingreso se ha considerado el principal incentivo, las investigaciones han demostrado que la satisfacción laboral era una de las variables fundamentales en el nivel de compromiso de los empleados con su trabajo.[12]

De hecho, en numerosas ocupaciones y sectores, se ha descubierto sistemáticamente que el grado de satisfacción de un empleado en su puesto actual ha sido uno de los mejores indicadores de empleo a largo plazo. En particular, un bajo nivel de satisfacción laboral se relaciona directamente con una alta rotación de personal.

A veces, los psicólogos y otros investigadores "descubren" lo obvio. Un hallazgo de este tipo es el hecho de que un buen indicador de que los empleados dejarán su trabajo es que primero comienzan a *pensar* en buscar otro trabajo. Esto coincide con lo que sabemos sobre el comportamiento en general. La mayor parte del comportamiento (es decir, las acciones) comienza con un pensamiento inicial. A ese primer pensamiento lo siguen y prolongan otros pensamientos, lo que produce un patrón de pensamiento o sistema de creencias general. Luego las personas comienzan a "ensayar" en la mente algunas acciones posibles, analizan las oportunidades de llevar a cabo esas acciones y, finalmente, deciden actuar de la manera en que ya han pensado.

> *Un buen indicador de que los empleados dejarán su trabajo* es que primero comienzan a *pensar* en buscar otro trabajo.

La razón por la que es importante saber esto es que se ha demostrado que el hecho de *pensar* en dejar el trabajo está estrechamente relacionado con el nivel de satisfacción laboral actual de una persona. Cuanto más bajos sean los niveles de satisfacción laboral, mayor será la proporción de ideas de renunciar al trabajo. Siguiendo esta lógica, si el propietario de una empresa quiere retener a sus empleados, esta persona tendría que desear que:

- los empleados tengan un alto nivel de satisfacción en su puesto actual; para que
- los empleados no comiencen a pensar en renunciar a su trabajo actual; para que
- los empleados no decidan irse realmente a trabajar para otra persona.

Aquí surge una pregunta obvia: ¿Qué factores afectan los niveles de satisfacción laboral de los empleados?

La satisfacción laboral y el aprecio

Dado que esta es una cuestión importante, los investigadores han estudiado una y otra vez los indicadores de satisfacción laboral. Los empleadores tienen docenas de herramientas de evaluación de la "satisfacción laboral" para elegir. Los estudiosos han descubierto que la satisfacción laboral se relaciona con factores como los siguientes:

- Complejidad del trabajo (cuanto más complejo, más satisfacción da).
- Remuneración financiera.
- Condiciones generales del trabajo.
- Reconocimiento.
- Oportunidad de usar destrezas y talentos.
- Percepción de que el trabajo que se realiza es importante y valorado.
- Calidad de las relaciones interpersonales en el trabajo.
- Satisfacción de los colegas.
- Control sobre la toma de decisiones.
- Nivel de responsabilidad.
- Volumen de trabajo.

Por ende, puede expresarse la siguiente conclusión: el nivel de satisfacción que se experimenta en el trabajo está afectado significativamente por el grado en el cual el empleado se siente apreciado por los que lo rodean.

El deseo de aprecio no se relaciona con la posición. Tanto los empresarios y directores ejecutivos, como los operarios de una fábrica, los gerentes de mandos medios y los proveedores de servicios con atención al público expresan su necesidad de aprecio. El deseo de aprecio tampoco se limita al sector industrial o al tipo de trabajo que se realiza, como ya hemos visto. Los empleados bancarios, los obreros de la construcción, los maestros, los asesores financieros, los asistentes administrativos, los pastores, los programadores de computadoras, los trabajadores sociales (la lista continúa), todos ellos afirman que disfrutan más de su trabajo cuando viene acompañado de un sentido de aprecio. No es de sorprenderse, entonces, que los gerentes de mandos medios y superiores de las empresas muchas veces indiquen que la principal razón por la que renuncian a sus empleos para irse a trabajar a otra empresa tiene que ver con no ser valorados en su lugar de trabajo actual.

Otros hallazgos

El aprecio en el lugar de trabajo se ha convertido en un campo muy popular de la investigación en diversos ámbitos académicos. Esto parece estar relacionado con el rol significativo que ejerce el aprecio en la satisfacción laboral. Pero también parece estar unido con la experiencia personal de millones de personas. Nosotros afirmamos de manera intuitiva lo siguiente:

Ir a trabajar en un entorno donde existe un sentido de aprecio por la contribución que hacemos es más placentero que hacer las mismas tareas (por el mismo dinero) y no sentirnos valorados por quienes nos rodean.

Además, *se ha demostrado que comunicar aprecio en el ámbito laboral mejora la calidad de la relación entre los empleados y sus supervisores, como también entre compañeros de trabajo.* Una de las observaciones interesantes que hemos notado mientras trabajábamos con las empresas es que los compañeros de trabajo (a menudo con más frecuencia que los supervisores) valoran enormemente el hecho de saber cómo expresar con eficacia aliento y aprecio entre ellos.

En una empresa financiera nacional, cuyos empleados trabajan juntos en equipos con miembros ubicados en diferentes lugares, encontramos una respuesta de entusiasmo al concepto de *Motivación Mediante el Aprecio* por parte de las asistentes ejecutivas. Juana, una de ellas, dijo: "¡Qué bueno! Ahora sé como alentar y apoyar a Susana cuando se siente abrumada". Hemos descubierto que los compañeros de trabajo nos recalcan reiteradamente el valor de saber cómo expresar aprecio y apoyo de manera eficaz a sus colegas.

> *Cuando los empleados afirman **tener mayores niveles de satisfacción** en su trabajo, esto se asocia a una **calificación más positiva en atención al cliente**.*

Se ha demostrado que la satisfacción laboral de los empleados afecta la satisfacción del cliente. Piense en las veces en que usted fue al centro comercial y necesitó asistencia. Intentó localizar un empleado de atención al cliente. Sin embargo, tuvo que interrumpirlo porque estaba hablando por su teléfono celular o enviando mensajes de texto. Usted recibió una mirada perdida y un suspiro profundo, como si lo estuviera molestando. Era obvio que el empleado no estaba muy entusiasmado de estar ahí o de ayudarle en su necesidad. Su respuesta como cliente de seguro no fue muy positiva. Las investigaciones han demostrado que cuando los empleados afirman tener mayores niveles de satisfacción en su trabajo, esto se asocia a una calificación más positiva en atención al cliente. Y, como sabe la mayoría de los empresarios, la satisfacción del cliente a menudo es la diferencia entre el éxito y el fracaso de un negocio.

En el entorno económico actual, las empresas tienen que "hacer más con menos". La mayoría de las compañías ha tenido que despedir a algunos trabajadores, mientras intenta mantener un alto nivel de producción. Menos empleados implica que las empresas tienen que incrementar la productividad. ¿Cómo se aumenta la productividad? La mayoría de las compañías estadounidenses ya no son empresas industriales en las que la mecanización y las intervenciones para aumentar la eficiencia puedan aumentar la productividad, por lo que deben utilizarse otras estrategias. Algunos investigadores han descubierto que una mayor satisfacción laboral produce mayores niveles de productividad.[13]

Creemos que la *Motivación Mediante el Aprecio* puede ser una herramienta eficaz para prácticamente cualquier empresa u organización. Los beneficios son evidentes:

- Reducciones en la rotación de personal.
- Mejores niveles de asistencia y productividad.
- Mayor satisfacción del cliente.
- Relaciones más positivas entre supervisores y empleados, y entre compañeros de trabajo.
- Una cultura corporativa y un entorno de trabajo global más positivos.

La buena noticia es que los costos para una organización son mínimos. El proceso de implementar el programa de la *Motivación Mediante el Aprecio* generalmente puede integrarse a las reuniones y estructuras existentes. No por casualidad, hemos desarrollado el modelo de *Motivación Mediante el Aprecio* de tal forma que los gastos financieros sean bajos. Y además proporcionamos otros recursos a las organizaciones, para que cada una pueda elegir el nivel de apoyo y de recursos a los que deseen tener acceso.[14]

Las investigaciones arrojan resultados claros, y nuestra experiencia en el trabajo con empresas confirma las conclusiones: los empresarios y gerentes que utilizan principios eficaces para expresar aprecio y aliento reciben múltiples rendimientos en la empresa por la inversión realizada.

REFLEXIÓN PERSONAL

1. *Si usted es gerente de una empresa, piense en los empleados que dejaron la organización en el último año. ¿Realizó una entrevista de egreso para determinar las causas de su renuncia? (De no ser así, puede que aún sea posible y conveniente hacer una entrevista de ese estilo).*

2. *Si usted conoce las razones por las que se han ido los empleados de la empresa, ¿qué ha hecho para abordar las inquietudes que le transmitieron?*

3. *Dado que se ha demostrado que la satisfacción laboral de los empleados afecta a la satisfacción del cliente, ¿cuán importante cree que es descubrir el nivel de satisfacción laboral que sienten aquellos a quienes usted supervisa?*

4. *¿Su compañía ha pedido a los empleados que realicen un inventario de satisfacción laboral en los últimos dos años?*

5. *Dado que "sentirse apreciado" es uno de los principales factores del sentido de satisfacción laboral de un empleado, ¿consideraría la posibilidad de presentar el **Inventario MMA** a sus empleados? ¿Por qué? ¿O por qué no?*

Suponiendo que esté interesado en comprenderse a usted mismo, y comprender a las personas con quienes trabaja, y que además desea intentar crear un entorno laboral más positivo y satisfactorio, procedamos a una explicación de los cinco lenguajes fundamentales del aprecio.

Los cinco lenguajes del aprecio

3

Palabras de afirmación

 Jim Rennard es el tipo de persona que le cae bien a casi todo el mundo. Es extrovertido, positivo y simpático. Como principal vendedor de su empresa, irradia optimismo y energía, y casi siempre tiene una ocurrencia a flor de labios.

Por su estilo de personalidad y su insistente perseverancia, Jim es un vendedor sumamente exitoso. Con los años, ha desarrollado una gran cartera de clientes, que es leal a la compañía. Sigue generando nuevos negocios y, como resultado de eso, ha sido bastante próspero en lo financiero. Pero el dinero no es lo que lo motiva.

A Jim le encantan los elogios, no de manera inapropiada o excesiva, pero es evidente que le importa lo que otros piensan de él. Por lo tanto, si un cliente le dice: "Buen trabajo. En verdad aprecio su ayuda en finalizar este proyecto a tiempo", sonríe y se siente valorado. Cuando su jefe le dice a uno de sus clientes (delante de él): "Jim es una de las principales razones de nuestro éxito. Se ocupa de sus clientes y se asegura de que el trabajo se haga bien", sale de la sala con un genuino sentido de satisfacción.

Para él, su principal lenguaje del aprecio es el de *Palabras de afirmación*. Por supuesto que le gusta el éxito financiero, pero si no recibiera afirmación verbal, es posible que no tardara en buscar otro trabajo.

Las *Palabras de afirmación* constituyen el lenguaje que se vale de palabras para expresar un mensaje positivo a otra persona. Cuando usted habla este lenguaje, afirma verbalmente la característica positiva de una persona. Al igual que con los demás lenguajes del aprecio, existen muchos dialectos. Un dialecto es la manera única de hablar un lenguaje determinado. Veamos algunas de las maneras de decir palabras de aprecio.

ELOGIO POR LOS LOGROS

Una manera de expresar palabras de afirmación es *elogiar verbalmente a la persona*. El elogio se centra en una meta o un logro alcanzado. Por eso, tendemos a elogiar a un colega cuando ha hecho un trabajo de buena calidad, o cuando cumple con nuestras expectativas o las supera. Este era el dialecto favorito de Jim. Él prosperaba en medio de los elogios.

En el trabajo, este es el dialecto más común. Después de todo, la organización existe para cumplir una misión. Cuando un empleado o voluntario hace una contribución significativa hacia ese objetivo, parece justo elogiarlo por su trabajo.

> *El elogio generalmente se centra en una **tarea** específica.*

El elogio generalmente se centra en una tarea específica. "Roberto, tu informe de esta mañana fue excelente. Me gustó la manera en que presentaste el elemento internacional en la fórmula. Creo que necesitamos dedicarle más esfuerzo a eso y aprecio que nos llamaras la atención sobre el tema".

El elogio verbal eficaz es específico. Cuanto más encuentre a un voluntario o un empleado haciendo un trabajo de la manera que usted desea y elogie esa manera de hacer el trabajo o comportamiento específico, más probable es que ese comportamiento se repita. Investigaciones sobre el comportamiento han demostrado la eficacia de este principio una y otra vez. Si usted le dice a una recepcionista: "Me gusta la manera en que respondiste el teléfono con un tono alegre y te ofreciste a ayudar al cliente a resolver lo que le preocupaba", probablemente la aliente a seguir respondiendo el teléfono con alegría. Decirle a un voluntario: "Gracias por venir temprano y asegurarte de que tuviéramos todo preparado para irnos cuando llegaran los chicos" es mucho más eficaz que decir: "Gracias, hiciste un buen trabajo esta noche".

> *"Detesto cuando mi jefe dice: '¡Buen trabajo, muchachos! ¡Así se hace! ¡Sigan así!'".*

Está comprobado que el elogio general ("buen trabajo", "eres un buen estudiante") logra muy poco a la hora de alentar al receptor y no aumenta el comportamiento positivo que se desea. Muchas personas nos han indicado que los comentarios generales, de hecho, pueden ser desmotivadores. "Detesto cuando mi jefe dice: '¡Buen trabajo, muchachos! ¡Así se hace! ¡Sigan así!'. Es un mantra repetitivo que para mí no tiene ningún significado". Para que el elogio sea eficaz, debe ser específico.

Aunque el elogio por logros específicos nos habla profundamente a algunos de nosotros, no es así con todos. Algunos prefieren otro dialecto.

AFIRMACIÓN POR EL CARÁCTER

Todos nosotros apreciamos las características positivas del carácter de aquellos con quienes trabajamos; cualidades como la perseverancia, el valor, la humildad, la autodisciplina, la compasión, el perdón, la sinceridad, la integridad, la paciencia, la amabilidad, el amor y la generosidad. Es probable que la mayoría de las personas con las que trabaja muestre algunas de estas virtudes. La pregunta es: "¿Alguna vez ha expresado aprecio por esas cualidades del carácter?".

Para algunos de nosotros, es fácil ofrecer palabras de elogio por los logros, pero es mucho más difícil decir palabras de afirmación que se centren en el carácter de otra persona. *El carácter ve más allá del desempeño y se centra en la naturaleza interna de una persona.* Revela lo que hace cuando nadie la observa. Es su modo de vida predeterminado. Quien es sincero dirá la verdad incluso cuando sea humillante para su propia persona.

> *Cuando no nos centramos en **dar afirmación verbal por las características positivas del carácter**, no estamos reconociendo uno de los **activos más valiosos de la compañía**.*

Si bien las características del carácter no son tan fáciles de observar como los logros específicos, a largo plazo son mucho más importantes para una organización. Cuando no nos centramos en dar afirmación verbal por las características positivas del carácter, no estamos reconociendo uno de los activos más valiosos de la compañía: el carácter de sus empleados.

Si usted no recuerda cuándo fue la última vez que ofreció afirmación verbal por una característica del carácter de un compañero, permítanos alentarlo a reflexionar sobre su interacción con ellos durante el último año e intentar traerle a la mente algunas de las características del carácter que ha observado. Escríbalas y luego formule una expresión verbal de cómo podría reconocer el valor de esa cualidad. Por ejemplo, podría decir: "Juan, realmente aprecio saber que eres un hombre íntegro. Puedo confiar en que manejarás nuestras finanzas con honestidad. Eso me da una importante sensación de seguridad". O podría decir: "Carlos, eres una persona increíblemente compasiva. He observado la manera en que respondes a quienes expresan frustración. Intentas genuinamente comprender su perspectiva. En verdad, te admiro por eso". Una vez que ha formulado su propia declaración de afirmación, léala varias veces hasta que se sienta cómodo para expresarla verbalmente. Después busque una oportunidad de centrarse en una de las cualidades de ese compañero de trabajo para ofrecerle afirmación verbal.

Para algunas personas, este es el dialecto que más les llega para satisfacer su necesidad de sentirse apreciados. Un hombre indicó: "Este ha sido el día más significativo en mis quince años de trabajo para la empresa. Cuando mi gerente me dijo: 'Ronaldo, nunca te lo dije, pero siempre te admiré. Eres uno de los hombres más amables que he conocido en mi vida. Noto la forma en que te ofreces para ayudar a tus colegas cuando parecen sentirse agobiados con una tarea. No hace falta que hagas eso; no es parte de la descripción de tu puesto, pero me dice mucho sobre tu carácter', me emocioné. En verdad no sabía qué decir así que solo respondí: 'Gracias'. Cuando fui a casa esa noche, le conté a mi esposa lo que me había dicho, y ella dijo: 'Tiene razón. Para *mí* también eres uno de los hombres más amables que he conocido en mi vida'. ¡Caramba! Es un día que nunca olvidaré".

Estamos convencidos de que hay muchas personas como Ronaldo en todas las empresas, que esperan oír palabras de afirmación que se centren en su carácter. Nada podría hacer que se sientan más apreciadas.

CENTRARSE EN LA PERSONALIDAD

Otro dialecto de las palabras de aprecio son las que *se centran en las características positivas de la personalidad*. La personalidad es nuestra manera normal de encarar la vida. Existen numerosos perfiles de personalidad que buscan ayudar a las personas a identificar tanto los aspectos positivos como los negativos de su propio temperamento. Si comprendemos los patrones de nuestra personalidad, podemos aprender a aprovechar nuestras fortalezas y minimizar nuestras debilidades.

Algunas de las palabras comunes que se usan para describir la personalidad son las siguientes:

- Optimista
- Enérgico
- Ordenado
- Planificador
- Lógico
- Hablador

- Pesimista
- Pasivo
- Desordenado
- Espontáneo
- Intuitivo
- Hacedor

Cuando un gerente o un compañero de trabajo observa en otro características positivas de la personalidad y ofrece afirmación verbal, ayuda a ese individuo a aprovechar sus fortalezas. El solo hecho de que usted afirme ese patrón de la personalidad lo hace sentirse apreciado. Las siguientes declaraciones son ejemplos de palabras de afirmación que se centran en características positivas de la personalidad.

- "Una de las cosas que admiro de ti es que siempre eres optimista. A veces me siento desanimado, pero cuando hablo contigo, siempre me voy con una perspectiva más positiva. Aprecio eso de ti".

- "Cuando entro a tu oficina, siempre me siento estimulado a cambiar. Tu escritorio siempre está muy pulcro. Me encantaría ser más ordenado. En verdad admiro eso de ti".

- "He observado que aunque tenemos algunas personas en nuestro departamento que abundan en palabras, tú eres el que pone manos a la obra. Mientras otros todavía están pensando qué hacer, en realidad, tú ya lo estás haciendo. Admiro mucho eso y aprecio tu contribución a la compañía".

- "He observado la sabiduría de tu intuición. A veces dedicamos mucho tiempo a intentar encarar las cosas mediante la lógica, pero nueve de cada diez veces, tu intuición es acertada. Realmente aprecio eso de ti".

- "Tu naturaleza tranquila te hace perfecto para tu trabajo. He notado con cuánta atención escuchas a nuestros clientes cuando vienen con quejas. Nunca das una respuesta rápida hasta que has entendido totalmente la perspectiva de ellos. Realmente aprecio eso de ti".

Si no recuerda cuándo fue la última vez que alentó a uno de sus colegas con palabras de afirmación que se centraran en su personalidad, permita que lo animemos a pensar en las características positivas de la personalidad de los demás. Dentro de las próximas dos semanas, verbalice la afirmación de una característica positiva que observe. Para algunas personas, esta es la principal manera de sentirse afirmadas.

CÓMO Y CUÁNDO OFRECER AFIRMACIÓN

No solo existen muchos dialectos o maneras de expresar palabras de afirmación, sino que también existen numerosos contextos en los que pueden ser dichas. Comprender el contexto preferido en el que alentar a otra persona es otro componente de aprender a hablar con fluidez el lenguaje de las palabras de afirmación. Aquí presentamos algunos de los contextos más comunes en los que pueden decirse palabras de afirmación con eficacia.

Personal, individual

Una conversación privada con uno de sus empleados puede ser muy alentadora. Una simple frase como: "Daniel, solo quería que supieras que aprecio tu esfuerzo y compromiso con hacer bien el trabajo" puede ser significativa. De hecho, los comentarios que hemos recibido en nuestras entrevistas indican que la comunicación personal e individual es una de las más valoradas y, por lo tanto, la forma más eficaz de dar palabras de afirmación. Los gerentes y colegas que se toman el tiempo y el esfuerzo para usar este enfoque son considerados por los miembros de su equipo laboral como personas que ofrecen mucho apoyo.

Elogios delante de otras personas

Algunos valoran recibir elogios delante de personas que son importantes para ellos. No necesariamente necesitan o desean un anuncio público, pero hacer notar el buen trabajo que hacen delante de su supervisor, sus colegas o clientes les expresa: "Te valoro". El elogio puede darse en reuniones informales con el propio equipo reducido de compañeros de trabajo o en reuniones corporativas más numerosas.

Si el propósito de dicho reconocimiento es alentar a la persona (en vez de ser una política de la empresa), es sabio comprender qué valora el miembro de su equipo de trabajo. Ciertas investigaciones han mostrado que el elogio verbal dado en el contexto de un grupo más reducido es mejor valorado por los trabajadores que los premios en una reunión numerosa.

Afirmación por escrito

Expresar gracias por un trabajo bien hecho, por escrito es más fácil y más frecuente en el mundo moderno de la comunicación electrónica. Un correo electrónico o un mensaje de texto toman solo un minuto, y puede ser muy importante para su compañero de trabajo que se quedó hasta tarde para terminar la presentación. Un gerente indicó que siempre les escribe a los miembros de su equipo laboral una nota de elogio, a menudo justo después de finalizada la presentación.

Las notas escritas a mano siguen siendo valoradas por muchos trabajadores, porque parecen más personales, y exigen más tiempo y esfuerzo escribirlas. El líder de una organización sin fines de lucro nos confió que recibe muchos elogios verbales directos "y eso está bien", y también numerosos correos electrónicos positivos, que ya no valora tanto. "Sin embargo —expresó—, lo que realmente significa algo para mí es cuando una persona se toma el tiempo de escribirme una nota a mano".

Afirmación pública

Algunos de nosotros no somos tímidos. Nos gusta el primer plano, la atención y los bombos y platillos que acompañan el reconocimiento público del trabajo que hemos hecho. Que un supervisor se ponga de pie en una reunión grupal y reconozca nuestra iniciativa de cumplir con una tarea importante puede alentar a algunas personas que han dedicado mucho tiempo y esfuerzo a alcanzar la meta. Sin embargo, hay variables que hacen que la experiencia sea más o menos satisfactoria para el receptor. Algunas de esas variables son si el acontecimiento ha sido planeado o es una sorpresa y quién está presente (los líderes más jerárquicos de la organización, el supervisor directo, miembros cercanos del equipo laboral, familiares). Todas estas son consideraciones importantes. Saber qué prefiere la persona que recibe el honor es primordial.

"¡GRACIAS, SEÑORITA ROBERTS!"

Si alguna vez hubo una persona que deseara evitar el reconocimiento público por su trabajo, Becky Roberts es el mejor ejemplo. Becky es una mujer tranquila y sin pretensiones de casi cincuenta años que trabaja incansablemente y de manera discreta en su iglesia, en un puesto pagado de tiempo parcial. Además de supervisar la guardería de niños pequeños y asegurarse de que cuente con voluntarios adultos todos los domingos por la mañana, Becky también ayuda a las madres solteras que se encuentran en circunstancias difíciles. Las ayuda a juntar productos para bebés (butacas de automóvil, pañales desechables);

las asiste para obtener vales de comida y otros tipos de ayuda financiera; y traslada personalmente a las mujeres y a sus hijos a sus citas médicas y odontológicas durante toda la semana.

Becky es muy valorada y apreciada, no solo por las mujeres a las que sirve, sino por los pastores y el personal de su iglesia. Ella no busca los elogios de los demás, y la avergonzaría recibir elogios públicos o un premio como reconocimiento. Pero a Becky *sí* la motiva la afirmación verbal, solo que de otro tipo. Le encanta recibir notas de agradecimiento de las mujeres que ha ayudado, aunque sean ilegibles y tengan errores de gramática y ortografía. De hecho, Becky tiene un "archivo de aliento" en el que pone las notas que recibe. Y cuando se siente cansada o desalentada, saca el archivo y vuelve a leer las notas como ayuda para seguir adelante. Valora las notas de agradecimiento de los pastores o de mujeres líderes de la iglesia, pero la alienta más aún la nota garabateada junto con un dibujo hecho a mano de Cecilia, de siete años, que le escribió: "¡Gracias, señorita Roberts! ¡Te quiero! Ceci".

A continuación presentaremos algunas de las maneras en que los miembros del equipo y los empleados nos han dicho que les gusta recibir afirmación verbal.

- Que en ocasiones me digan: "Gracias por tu esfuerzo".

- Que me escriban un correo electrónico y reconozcan cuando hice un buen trabajo.

- Que reconozcan mi esfuerzo en un proyecto, en presencia de mis colegas.

- Que les hablen a otras personas (cuando no estoy presente) acerca del buen trabajo que estoy haciendo.

- Que me hagan un elogio específico cuando hice algo bien.

- Que en mi evaluación, escriban una lista específica de las cosas que les gusta de mi desempeño laboral.

- Que me elogien en privado, no delante de otros.

- Que me den una nota manuscrita donde me expresen su aprecio.

- Que me alienten después de haber resuelto una situación difícil.

- Que le hagan a nuestro equipo un elogio grupal cuando hicimos un buen trabajo.

Una de las ventajas de pedir a todo su equipo laboral que complete el **Inventario de Motivación Mediante el Aprecio** es que usted podrá hacer una lista de pasos específicos que le permita saber no solo el tipo de palabras de afirmación que a su colega le gusta oír, sino también el contexto en el que le gustaría recibirlas. Con esta información, puede estar seguro de "dar en el blanco" a la hora de dar palabras de afirmación.

NO DAR EN EL BLANCO: ELOGIOS POCOS SINCEROS

Las palabras de elogio pueden ser alentadoras para sus trabajadores, pero deben ser sinceras. Si el receptor las percibe como huecas o poco sinceras, las palabras no cumplirán el propósito de afirmar. Lamentablemente, no podemos controlar la manera en que otros perciben nuestras acciones. Pueden malinterpretar nuestras intenciones o atribuir motivaciones erróneas. Sin embargo, debemos intentar dar palabras de afirmación solo cuando somos sinceros.

> *Su tono de voz puede expresar:* **"Digo esto, pero no lo digo en serio".**

Para que las palabras de afirmación sean más eficaces, deben darse en el contexto de una relación buena y positiva. Si usted está en conflicto con un miembro del personal o si han existido ciertos celos respecto de su éxito, un elogio probablemente sea interpretado como poco sincero. Su tono de voz (monótono, débil o con un dejo de sarcasmo) y su lenguaje corporal (con los ojos en blanco, una expresión facial de enojo, falta de contacto visual) también pueden expresar: "Digo esto, pero no lo digo en serio". Si usted no puede pronunciar palabras de afirmación sinceras a su colega, es preferible mantener silencio hasta que puedan expresarse con integridad y una actitud positiva.

LA TRAGEDIA DEL DESCUIDO

La peor tragedia que hemos observado es que, aunque la mayoría de los gerentes, supervisores y colegas aprecia con sinceridad a las personas con quienes trabajan, a menudo omiten expresar verbalmente ese aprecio. Yo (Gary) fui testigo de una demostración gráfica de esto. Terminaba de hablar en una de las principales editoriales del país cuando se me acercó un hombre después de mi presentación y me dijo: "Trabajo para esta empresa desde hace veinte años. Creo que he hecho un buen trabajo. He sido muy creativo. Mis ideas han hecho que la empresa gane mucho dinero, pero ni una sola vez en veinte años me dijeron que apreciaban mi trabajo". Lo miré a sus ojos llenos de lágrimas, mientras continuaba diciendo: "Desearía que hubiera dado esta charla a la empresa hace veinte años. No pretendo recibir aprecio todas las semanas ni incluso en cada proyecto. Pero ¿no piensa usted que en veinte años, alguien podría haberme expresado aprecio por lo menos una vez?". Para mí era evidente que su principal lenguaje del aprecio eran las palabras de afirmación, y nunca las había recibido. Salí de ese encuentro y me pregunté cuántos otros

> *"Pero ¿no piensa usted que en veinte años, alguien podría haberme expresado aprecio por lo menos una vez?".*

empleados en organizaciones de aquel país se harían eco de sus sentimientos.

Después de leer este capítulo, esperamos que usted se ponga la meta de que ninguno de sus compañeros de trabajo pueda realmente hacer una declaración así. Que su ambición sea buscar oportunidades para dar palabras de afirmación.

REFLEXIÓN PERSONAL

1. *¿Recuerda alguna ocasión durante la última semana en la que le haya dado palabras de afirmación a un compañero de trabajo? De ser así, ¿qué le dijo? ¿Qué respuesta recibió ante su afirmación?*

2. *¿Ha recibido una afirmación verbal por parte de un gerente o un colega en la última semana? De ser así, ¿qué le dijeron? ¿Cómo se sintió?*

3. *En una escala de 0-10, ¿qué tan importante es para usted recibir palabras de afirmación por parte de sus compañeros de trabajo?*

4. *Elija un colega que cree que lo merece y ofrézcale una declaración de afirmación en las próximas dos semanas.*

5. *Si usted es gerente o supervisor, seleccione un empleado a quien pueda ofrecer afirmación con sinceridad, y hágalo en los próximos dos días.*

LENGUAJE DEL APRECIO N.º 2:

Tiempo de calidad

Anne Taylor es una empleada estelar. Ayuda a organizar los acontecimientos importantes en la escuela privada donde trabaja. Allí, su puesto oficial es Directora de Admisiones, pero todos saben que Anne es también la persona clave de la recaudación de fondos anual y de la asociación de ex alumnos. Además hace un excelente trabajo en supervisar un numeroso equipo de voluntarios.

Como a Anne le gusta "pasar tiempo" con sus colegas y su supervisor después de terminar un trabajo, un día dijo: "Siento que todos necesitamos celebrar juntos". Así que inició algo que se ha convertido en una tradición: salir a comer un helado cuando terminan de limpiar después de un acontecimiento importante. Es algo que todos esperan con ansias. Anne quiere que los miembros de su equipo se sientan apreciados, y esta es su manera de expresar aprecio.

Después de entrevistar a Anne, no nos sorprendió descubrir que su principal lenguaje del aprecio sea el *Tiempo de calidad*. Lo que hace que ella se sienta más apreciada es que el señor Johnson, el director de la escuela, pase por su oficina, se siente en una silla, y le diga: "Dime cómo va todo". Esta oportunidad de comentarle el progreso que está haciendo en distintos proyectos y sus frustraciones y sugerencias es lo que hace que se sienta más alentada y apreciada. Ya sea que el señor Johnson se dé cuenta o no, estas breves expresiones de interés en el trabajo de Anne hacen que ella se sienta parte del equipo y tenga fuerzas para seguir adelante.

*Lo que hace que ella se sienta **más apreciada** es que el director de la escuela pase por su oficina y le diga: "**Dime cómo va todo**".*

Mostrarles su aprecio a los miembros del personal por medio del lenguaje del tiempo de calidad es una herramienta poderosa, pero en gran medida malentendida por los gerentes. En el pasado, muchos supervisores interpretaban el deseo de sus empleados de pasar tiempo de calidad con ellos como un deseo inapropiado de hacerse amigo o un esfuerzo por "quedar bien" con el jefe para tener una influencia indebida y recibir favores. Nuestra investigación indica que ésta rara vez es la actitud del empleado que tiene este principal lenguaje del aprecio. Él sólo desea sentir que lo que hace es significativo y que su supervisor valora genuinamente su contribución. Estas expresiones, breves pero genuinas, de interés en lo que hacen infunden aprecio.

Los gerentes que comprenden que las personas tienen diferentes lenguajes del aprecio descubrirán que algunos miembros del equipo laboral necesitan tiempo y atención individual para sentir que son una parte importante de la organización. Ofrecerles tiempo de calidad es una inversión sabia. Para los colegas, cuyo principal lenguaje del aprecio es el tiempo de calidad, un poco de tiempo puede hacer mucho para ayudarles a reforzar el compromiso de finalizar un proyecto y a sentirse valorados y vinculados al propósito global de la compañía.

Javier es el gerente administrativo de una clínica ambulatoria de varios médicos. Está a cargo de los aspectos administrativos de dotación de personal, facturación y cuestiones relacionadas con las instalaciones. El grupo de diez médicos tiene un médico principal como gerente, además de varias enfermeras y más personal de apoyo. Javier sabe que la doctora Suárez hace malabarismos para compatibilizar una práctica ajetreada, las obligaciones administrativas y la supervisión de internos. Javier valora mucho el tiempo que ella dedica todas las semanas para reunirse con él y hablar sobre sus problemas e inquietudes. Javier nos explicó: "Yo sé que la doctora Suárez está ocupada, muy ocupada. Pero siempre encuentra tiempo para reunirse conmigo casi todas las semanas. Si no lo hiciera, sé que me sentiría excluido y que las cosas que hago no le importan". Es evidente que la inversión de tiempo que hace la doctora Suárez paga enormes dividendos a la hora de mantener motivado a Javier.

¿QUÉ ES EL TIEMPO DE CALIDAD?

Cuando hablamos de *Tiempo de calidad*, nos referimos a dar a la persona su total atención. No hablamos de estar simplemente en una proximidad física. Muchos trabajan en colaboración estrecha con sus colegas durante todo el día, pero en realidad al final de la jornada dirán: "Hoy no pasé nada de tiempo de calidad con ninguno de mis colegas". ¿Cómo pueden hacer esa afirmación? Porque el elemento principal del tiempo de calidad no es la proximidad, sino la atención personal.

Como en el caso de las *Palabras de afirmación*, el lenguaje del aprecio del *Tiempo de calidad* también tiene muchos dialectos. Uno de los dialectos más comunes es la *conversación de calidad*. Con conversación de calidad queremos decir un diálogo comprensivo en el que dos personas expresan sus ideas, sentimientos y deseos en un contexto amistoso y libre de interrupciones.

La conversación de calidad es bastante diferente al lenguaje del aprecio de *Palabras de afirmación*. Las palabras de afirmación se centran en lo que decimos; en cambio, la conversación de calidad se centra más bien en lo que oímos. Implica crear un entorno seguro en el que se puedan manifestar los logros, las frustraciones y las sugerencias. Se hacen preguntas, no para acosar, sino con un deseo genuino de comprender las inquietudes del otro.

Muchos gerentes están entrenados para analizar problemas y crear soluciones. En nuestra resolución de problemas, solemos minimizar el aspecto que tiene que ver con las relaciones. En una relación, se requiere escuchar comprensivamente con el fin de comprender lo que le sucede a la otra persona. Algunos gerentes tienen poco entrenamiento en escuchar. Podemos ser hábiles en dar discursos e instrucciones, pero débiles a la hora de escuchar. Aprender a escuchar puede ser tan difícil como aprender otro idioma, pero debemos hacerlo si hemos de tener empleados que se sientan apreciados.

> *Podemos ser hábiles en **dar discursos e instrucciones**, pero **débiles a la hora de escuchar**.*

Esto se aplica especialmente al empleado cuyo principal lenguaje del aprecio es el *Tiempo de calidad*. Afortunadamente se han escrito muchos libros y artículos sobre cómo desarrollar el arte de escuchar. No intentaremos repetir lo que se ha escrito en otros libros, sino simplemente brindar el siguiente resumen de sugerencias prácticas.

1. Mantenga el contacto visual. Resista la tentación de mirar al techo, al piso, a la ventana o a la pantalla de la computadora. Mantener el contacto visual impide que su mente divague y expresa a la otra persona que tiene su total atención.

2. No haga otras cosas mientras escucha. Muchos de nosotros nos enorgullecemos de nuestra capacidad de hacer muchas tareas a la vez. Aunque esa es una cualidad admirable, no expresa un interés genuino en la otra persona. Recuerde que el tiempo de calidad consiste en ofrecer a

otra persona su total atención. Si usted está haciendo algo que no puede interrumpir inmediatamente, diga lo siguiente a la persona que desea hablar: "Sé que te gustaría hablar conmigo y estoy muy interesado, pero quiero prestarte toda mi atención. No puedo hacerlo en este preciso momento, pero si me das diez minutos para terminar esto, me sentaré y hablaré contigo". La mayoría de las personas respeta una petición de este tipo.

3. Cuando escuche, preste atención a los sentimientos además de las ideas. Pregúntese: "¿Qué emoción está experimentando esta persona?". Cuando crea que tiene la respuesta, confírmela. Puede decir: "Me parece que te sientes decepcionado y herido porque piensas que te hemos pasado por alto en la promoción. ¿Es así?". Esto da a la persona la oportunidad de aclarar sus sentimientos. También expresa que usted escucha con atención lo que le dicen.

4. Afirme sus sentimientos aun cuando esté en desacuerdo con sus conclusiones. Somos criaturas emocionales. Ignorar las emociones es ignorar una parte significativa de su humanidad. Cuando un gerente le dice a un colega: "Entiendo por qué te sientes así. Si estuviera en tu lugar, probablemente me sentiría igual", luego tiene la libertad de decir: "Déjame explicarte por qué se tomó esa decisión". Puesto que ha afirmado sus sentimientos, ahora son amigos, y es más probable que escuche su explicación.

5. Observe el lenguaje corporal. Los puños apretados, las manos temblorosas, las lágrimas, el ceño fruncido y el movimiento rápido de los ojos pueden darle pistas de cuán intensos son los sentimientos de la otra persona. A veces el lenguaje corporal expresa un mensaje, mientras que las palabras expresan otro. Pida aclaraciones para asegurarse

de que sabe lo que piensa y siente en verdad la otra persona.

6. Niéguese a interrumpir. Las investigaciones recientes han indicado que la persona promedio escucha durante solo diecisiete segundos antes de interrumpir y expresar sus propias ideas. Si le doy mi total atención mientras el otro habla, me abstendré de defenderme o de lanzarle acusaciones o de expresar mi posición de manera dogmática. Mi meta es descubrir sus ideas y sentimientos; mi objetivo no es defenderme o aclararle cómo son las cosas. Es comprenderlo. Comprender fomenta relaciones positivas; estar a la defensiva crea enemigos.

*Es de esperar que, como **usted los ha escuchado**, ellos **lo escucharán a usted**.*

No queremos decir que no haya un momento para que usted exprese sus propias ideas y sentimientos. Sin embargo, si intenta pasar tiempo de calidad con un colega para expresarle su aprecio, el primer énfasis debe ponerse en comprender sus ideas y sentimientos. Una vez que ha escuchado con atención, puede manifestar su perspectiva. Es de esperar que, como usted los ha escuchado, ellos lo escucharán a usted. Cuando ambas partes escuchan comprensivamente, se da aliento y se muestran sentimientos de aprecio a la persona cuyo principal lenguaje es el *Tiempo de calidad*.

Sandra, la asistente administrativa de un gerente de ventas, nos comentó lo siguiente: "Yo sé qué Rafael está ocupado. Tiene mucho que hacer y está constantemente atareado, pero si tan solo me diera quince minutos de su tiempo de atención total y libre de interrupciones una vez por semana, significaría mucho para mí". Sandra ruega por mantener conversaciones de calidad. Sin eso, no se siente apreciada.

Un segundo dialecto del tiempo de calidad son las *experiencias compartidas*. Para algunos empleados, compartir experiencias con sus colegas es una manera importante de sentirse vinculados y alentados. Para estos individuos, el hecho de viajar juntos a conferencias, salir a comer y asistir a espectáculos deportivos u otras actividades de su interés puede ser un aspecto importante de su experiencia de desarrollo del equipo. Puede que no disfruten de sentarse a conversar, pero se sienten muy apreciados cuando se los invita a participar de una actividad con su gerente o sus colegas.

Sylvia Hatchell, entrenadora del equipo femenino de básquetbol en la Universidad de Carolina del Norte, atribuye el éxito de sus equipos a que comprende los cinco lenguajes del aprecio. "Si sé que el lenguaje del aprecio de una de mis muchachas es el de *Palabras de afirmación*, busco maneras de ofrecerle palabras alentadoras. Pero si descubro que su lenguaje del aprecio es el *Tiempo de calidad*, la invito a mi casa el sábado, y lavamos nuestros automóviles juntas. Eso fomenta un vínculo, y ella se va sabiendo que la aprecio genuinamente como persona. Cuando mis muchachas se sienten apreciadas, están muy motivadas a dar lo mejor de sí en la cancha".

El deseo de compartir experiencias es la base de los retiros de liderazgo fuera de la empresa o de las salidas a acontecimientos deportivos. Nuestra investigación indica que los hombres, cuyo principal lenguaje del aprecio es el *Tiempo de calidad*, por lo general, prefieren las experiencias compartidas en vez de sentarse a conversar prolongadamente. Estos hombres tienden a fortalecer las relaciones mediante actividades conjuntas como el golf, la caza, la pesca, la asistencia a partidos de básquetbol o tareas como construir una casa para fundaciones, como *Hábitat para la Humanidad*. Por supuesto que hablan mientras realizan esas actividades, pero lo importante es que hacen algo con sus colegas que es placentero o que contribuye al bienestar de la comunidad.

Un tercer dialecto del tiempo de calidad es el *diálogo en grupos reducidos*. Algunas personas no se sienten cómodas al hablar con su supervisor de manera individual. Pero en un grupo reducido en el cual aquel pide ideas y sugerencias, estas personas se sienten menos intimidadas, y es más probable que expresen lo que piensan. Si el supervisor escucha de verdad y expresa aprecio por su franqueza, ellas se sienten enormemente apreciadas.

Rick Reed, presidente de una empresa de fabricación aeroespacial, dijo: "Tengo trescientos empleados y cada tres meses realizo sesiones de grupos reducidos, donde los escucho y les pido que sean sinceros conmigo respecto de lo que creen que mejoraría la empresa. Algunos de nuestros progresos más significativos han surgido de estas sesiones en las cuales escucho a mis empleados, pues quiero que ellos sepan que valoro sus ideas". Este tipo de atención concentrada en la que el líder no promueve sus propias ideas, sino que se propone oír las ideas de los miembros de su equipo laboral les muestra a sus empleados que son de valor. Para las personas cuyo principal lenguaje del aprecio es el tiempo de calidad, la importancia de esta atención concentrada es enorme.

> *"Algunos de **nuestros progresos más significativos** han surgido de estas sesiones en las cuales escucho a mis empleados, pues **quiero que ellos sepan que valoro sus ideas**".*

Un cuarto dialecto del tiempo de calidad es *trabajar en estrecha cercanía física con nuestros compañeros de trabajo para completar un proyecto*. Hemos descubierto que este dialecto es especialmente significativo en contextos de voluntariado. Las investigaciones indican que los voluntarios encuentran su experiencia más satisfactoria cuando incluye dos elementos: 1) creen que lo que hacen es importante; y 2) sus aportes son reconocidos y valorados por los demás. Esto a menudo sucede en el contexto del trabajo en estrecha colaboración con otros voluntarios.

Después del grave terremoto que ocurrió en Haití en 2010, hubo numerosas oportunidades para que los voluntarios prepararan comidas de emergencia para las familias haitianas. Varias personas invertían una o más horas en preparar comidas. Mientras trabajaban en el envasado, uno de los voluntarios comentó: "Esto es maravilloso. No solo tengo la oportunidad de ayudar a las familias de Haití, sino que tengo la oportunidad de trabajar en conjunto con otras personas. El trabajo de equipo siempre hace que sea más placentero para mí". Este voluntario trabajaba más horas que la mayoría. Si le hubieran pedido que preparara la comida a solas en un depósito, creemos que habría trabajado menos horas como voluntario. Era trabajar cerca de otros lo que hacía que la experiencia le pareciera más valiosa.

Yo (Gary) recientemente estuve en Warwick, Rhode Island, por dos semanas después de que sufrió una inundación regional. Almorcé con voluntarios que trabajan para la organización sin fines de lucro *Samaritan's Purse* [La bolsa del samaritano]. Estaban arrancando alfombras y láminas de paredes en casas inundadas. Estaban sudorosos, sucios y cansados, pero les daba fuerza ser parte de un equipo que trabajaba unido para ayudar a las víctimas de la inundación.

En el mundo corporativo, a menudo hablamos del trabajo en equipo, pero esos equipos no siempre trabajan en estrecha proximidad entre sí. Cada persona o grupo se encarga de una parte específica del proyecto, y bien puede ocurrir que trabajen aislados y tengan poca interacción entre sí. Aunque esta puede ser la manera más eficiente de lograr el objetivo, no satisface la necesidad de aprecio de aquel cuyo principal lenguaje del aprecio es el *Tiempo de calidad*. Cuando trabajan en estrecha proximidad con sus compañeros, tienen la oportunidad de conversar. Este aspecto acompañado del logro de algo que vale la pena es lo que hace que estas personas se sientan profundamente apreciadas.

Existen muchos contextos en los que los gerentes y compañeros de trabajo pueden expresar el aprecio mediante el lenguaje del *Tiempo de calidad*. En nuestro asesoramiento a diversas empresas y organizaciones, hemos obtenido de los empleados una lista de las diferentes maneras en que valoran pasar tiempo con sus compañeros de trabajo y supervisores. Estas son algunas de las actividades específicas que mencionaron:

- Que vayamos a almorzar juntos para hablar sobre cuestiones del trabajo.
- Que vayamos a almorzar juntos y *no* hablar sobre cuestiones del trabajo.
- Que vengan a mi oficina, se sienten y me pregunten cómo van las cosas.
- Que vayamos juntos a caminar durante la hora de almuerzo.
- Que vengan a pasar tiempo con el equipo al final del día.
- Que hagan un retiro fuera de la empresa para el personal.
- Que nos juntemos a mirar espectáculos deportivos.
- Que vayamos a cenar juntos con nuestros cónyuges/parejas.
- Que me hagan una llamada de vez en cuando, solo para charlar.

En estos y en una variedad de otros contextos, abundan las oportunidades para hablar el lenguaje del *Tiempo de calidad*. Si este es el principal lenguaje del aprecio de la persona, esta estará contenta cuando reciba tiempo de calidad. Sin embargo, cuando no se habla este lenguaje, tiende a desanimarse y a estar descontenta. El tiempo invertido en hablar este lenguaje del aprecio bien puede ser la diferencia entre un empleado motivado y uno que solo hace lo necesario.

Variables importantes: quién y dónde

En nuestro trabajo con organizaciones, recibimos comentarios importantes y sistemáticos por parte de empleados que no son gerentes. Existe una clara diferencia entre lo que se desea de un supervisor y lo que se desea de los compañeros de trabajo. "El tiempo de calidad es un tema difícil para mí —dijo Alicia— porque depende de si se trata de pasar tiempo con mi supervisor o con mis compañeros de trabajo. Aunque me cae bien mi supervisor, que es un tipo excelente, hay algunas cosas que me gusta hacer con mis colegas, que si las hiciera con mi supervisor, me sentiría rara". Muchos empleados se harían eco de los sentimientos de Alicia.

Tomamos estos comentarios y los incorporamos al **Inventario MMA**, para que las personas indicaran si la actividad era algo que disfrutarían hacer con sus compañeros de trabajo o su supervisor, o posiblemente con ambas partes. Creemos que esto convierte el inventario en algo mucho más valioso tanto para supervisores como para colegas.

> *"Aunque me encantaría ir a ver un partido con mis colegas, **mi compromiso con mi familia está primero**".*

Cuando comentamos los resultados del inventario con un equipo de supervisores de una fábrica, plantearon otra cuestión importante: ¿*Cuándo* hablamos el lenguaje del *Tiempo de calidad*? Felipe, un gerente relativamente franco, de cuarenta y tantos años, dijo: "Tengo que ser sincero con usted. El tiempo de calidad probablemente sea mi principal lenguaje del aprecio, y me encanta pasar tiempo con mis amigos. Pero el tiempo es mi recurso más valioso. Tengo tres hijos y una esposa, y ellos están primero. Aunque me encantaría ir a ver un partido con mis colegas, mi compromiso con mi familia está primero. Así que si voy a pasar tiempo con ustedes, generalmente, va a ser en relación con el día de trabajo". Esto suscitó un debate positivo sobre la manera de pasar tiempo de calidad con los compañeros de trabajo durante el contexto de la jornada laboral (lo que podría incluir encuentros breves antes o después del trabajo).

Cuando no damos en el blanco: "Estoy presente, ¿o no?"

A veces todos nosotros intentamos hacer las cosas simplemente "por inercia". Por desdicha, esto puede incluir pasar tiempo con los compañeros de trabajo.

Este escenario no es poco común. La tradición en muchas oficinas corporativas es ir a un restaurante a comer algún postre cada vez que un miembro importante del equipo recibe una promoción o es transferido a otro departamento dentro de la organización. Todos asisten físicamente, pero a menudo es evidente que no todos están allí emocionalmente. Esto puede quedar en evidencia al llegar tarde, no tener interacción con nadie, criticar el restaurante y transmitir un mal humor general. Casi todos piensan lo mismo: *¿Para qué te molestaste en venir? No necesitamos un aguafiestas.*

Pasar tiempo de calidad con los demás exige una actitud positiva. Cuando hacemos algo con resentimiento, por el sentido de la obligación, el mensaje que se da a los colegas no es "eres valorado", sino más bien "tengo cosas más importantes que hacer que estar aquí contigo". Además, mostrarse apurado (mirar el reloj con frecuencia, permitir que lo interrumpan y lo llamen a su teléfono celular o enviar respuestas a mensajes de texto) no demuestra que valoras a los demás. El aprecio genuino siempre exige sinceridad.

MUCHO TRABAJO, MUCHA DIVERSIÓN

Todos los que trabajan con Darin Wooster opinan que es un trabajador diligente. Haga lo que haga, lo hace a toda máquina. Está dispuesto a trabajar solo, con otros miembros del equipo, o guiar a un equipo y delegar para hacer el trabajo. Darin no solo se esfuerza mucho; también juega mucho. Cuando no trabaja, está lleno de energía, cuenta historias y se ríe, hace ejercicio (corre y anda en bicicleta) y tiene algunos pasatiempos.

Cuando Darin termina su trabajo, está listo para "hacer algo" con sus colegas. Nada lo complace más que juntarse con su supervisor, su gerente o sus compañeros de trabajo. Le encanta ir a los partidos de fútbol de la escuela secundaria, partidos de básquetbol de la universidad, ver fútbol profesional por TV, ir a pescar o cazar. Disfruta estar al aire libre, y sea cual fuese la actividad que realice, le gusta compartirla con otros.

Darin aprecia especialmente que otros lo inviten a participar de lo que hacen. Cuando su jefe o un colega lo invitan a jugar al golf el fin de semana, o a ir a su casa para un asado o a salir a correr juntos, siente que es un miembro valioso del equipo. Para Darin, el *Tiempo de calidad* es su principal lenguaje del aprecio.

Pasar tiempo con las personas con las que usted trabaja para mostrar aprecio puede asumir distintas formas, pero el efecto que tiene sobre el miembro de su equipo laboral puede ser significativo. Si el principal lenguaje del aprecio de la persona es el *Tiempo de calidad*, su inversión pagará enormes dividendos. Es la mejor inversión que puede hacer en esa vida.

REFLEXIÓN PERSONAL

1. *En una escala de 0-10, ¿qué tan importante es para usted pasar tiempo de calidad con su supervisor? ¿Y con sus compañeros de trabajo?*

2. *Si usted sintiera que su supervisor en verdad quiere oír sus ideas, ¿qué sugerencias le haría?*

3. *Cuando tiene algo de tiempo libre con sus colegas de trabajo, ¿pregunta a menudo acerca de sus intereses personales? ¿Desea que le pregunten por los suyos?*

4. *¿Ha tenido una "conversación de calidad" con un colega en la última semana? ¿Cómo se sintió cuando terminó la conversación?*

5. *¿Prefiere el diálogo en grupos reducidos o las conversaciones individuales con su supervisor? ¿Y con sus compañeros de trabajo?*

6. *Si todavía no ha completado el* **Inventario MMA** (en el Apéndice 1), *tal vez lo pueda hacer esta semana.*

7. *Considere la idea de sugerirle a todo su grupo de trabajo que haga el inventario. Luego comience un diálogo para hablar de los resultados.*

5

LENGUAJE DEL APRECIO N.º 3:

Actos de servicio

 Margaret Hartman (a quien sus amigos afectuosamente llaman Maggie) es una persona pujante, la clase de trabajadora que todos quisieran tener en su equipo. Tiene mucha energía, se esfuerza mucho y es muy eficiente. Es líder de su equipo laboral y alguien capaz de entusiasmar a sus colegas a la hora de finalizar un proyecto.

Maggie no trabaja por los elogios o el reconocimiento. Tiene una actitud generosa y, por naturaleza, disfruta de trabajar y ver que se cumpla con el trabajo. Por lo tanto, elogiarla o prestar atención a sus logros no la motiva verdaderamente.

Lo que en verdad alienta a Maggie es cuando los demás se ofrecen a ayudarle a cumplir con el trabajo. Ella considera que no es muy hábil con la tecnología y se siente especialmente afirmada cuando alguien le ayuda con alguna tarea de computación de un nivel avanzado. Maggie mide solo un metro cincuenta. Otra cosa que la alienta es cuando sus compañeros de trabajo le ayudan a alcanzar los objetos que están en el estante de arriba. Cuando está ajetreada y tiene que realizar varias tareas, la anima en gran manera que un compañero de equipo le pregunte: "Maggie, ¿te puedo ayudar en algo?".

En las raras ocasiones en que Maggie está atrasada con su trabajo y bajo presión, realmente le alienta ver que su supervisor, en persona, toma la iniciativa de ayudarla o asigna a otros compañeros de equipo para que le ayuden. Esto la anima, en especial si le ofrecen ayuda sin tener que pedirla. El principal lenguaje del aprecio de Maggie es el de *Actos de servicio*. Se siente apreciada cuando otros se acercan para ayudarle.

Para las personas como Maggie, las demostraciones de aprecio mediante actos de servicio expresan interés. Estos individuos tienen la siguiente perspectiva: "No me digas que te interesa; demuéstramelo". Para ellos, las acciones dicen más que las palabras. Por lo tanto, ofrecerles un regalo o un elogio verbal no les motiva. Ellos piensan: *Lo que realmente me serviría es un poco de ayuda.*

> *El compañerismo en el lugar de trabajo, es decir,* **la ayuda ofrecida a los miembros del propio equipo**, *da como resultado organizaciones más exitosas.*

Aunque muchas personas en nuestra cultura se sienten motivadas a participar en proyectos de servicio social, la idea de servir a alguien en el mundo del trabajo les resulta un concepto extraño. Parte de esto se explica por la visión individualista que existe dentro de muchos contextos laborales. Las personas tienen funciones, tareas y responsabilidades claramente delineadas. Aunque estamos de acuerdo y apoyamos la necesidad de que los trabajadores tengan que rendir cuentas de sus responsabilidades, también creemos que el compañerismo en el lugar de trabajo, es decir, la ayuda ofrecida a los miembros del propio equipo, da como resultado organizaciones más exitosas.

Cuando nos centramos en el progreso personal o en alcanzar nuestras propias metas, independientemente de cómo eso afecte a los demás, la tensión interna a menudo sabotea el crecimiento. El verdadero liderazgo exige una predisposición a servir a otros, ya sean nuestros clientes o nuestros colegas. Cuando se sabe que alguien está dando lo mejor de sí y aun así está atrasado, si un colega o gerente ayuda a ese empleado a terminar su trabajo, puede ser sumamente alentador para él y para todo el personal.

Yo (Paul) trabajé una vez en una oficina en la que algunas personas colaboraban para producir una presentación larga y compleja. Para concluir la tarea, hacía falta el esfuerzo combinado de asesores financieros, diseñadores gráficos, escritores, técnicos en computación y asistentes administrativos. Teníamos una presentación muy importante que finalizar para la mañana siguiente, que incluía PowerPoint además de una gran cantidad de material impreso que debía entregarse en carpetas anilladas. Estábamos atrasados, pero todos los miembros del equipo, incluido el presidente de la compañía, nos quedamos hasta tarde para terminar con la tarea. Fue una experiencia de esas que forjan un equipo. Cada persona se sacrificó por el bien de todos. Tuvimos un profundo sentido de satisfacción cuando finalizamos la tarea. (También nos dimos cuenta de que no queríamos repetir la experiencia, así que reorganizamos nuestro proceso de trabajo para asegurarnos de que no volviera a suceder).

CÓMO SERVIR DE MANERA EFICAZ

Proporcionar asistencia a los propios colegas es una convincente expresión de aprecio, en especial para la persona cuyo principal lenguaje del aprecio es el de *Actos de servicio*. Dichos actos de servicio normalmente se consideran beneficiosos. Sin embargo, algunas estrategias pueden hacer que el proceso funcione mejor.

Asegúrese de cumplir sus propias responsabilidades antes de ofrecerse a ayudar a los demás. Algunas personas están tan interesadas en ayudar que tienden a "dejar su puesto" (para usar un concepto militar) y no cumplir con su propio trabajo. Esto es análogo a un estudiante de la escuela primaria que quiere ayudar a otros a hacer su tarea, pero sin haber terminado la suya. Aunque esto podría verse como un acto de nobleza, no por eso el estudiante aprobará.

En el contexto laboral, la mayoría de los trabajos están interrelacionados. Cuando se deja inconclusa una tarea, fracasa todo el proceso. Su esfuerzo, bien intencionado, de ayudar a un compañero de trabajo, puede verse como una manera de evadir sus responsabilidades. Por otra parte, un empleado puede terminar su trabajo antes que los demás. Cuando use el tiempo como una oportunidad para ayudar a un compañero, y no como una manera de tomarse un recreo personal, es probable que se considere como un acto de servicio sincero.

Pregunte antes de ayudar. Siempre es de suma importancia preguntar primero cuando piensa en ayudar a un colega. Aun cuando sepa que el principal lenguaje del aprecio de una persona es el de *Actos de servicio*, debe consultarle primero para saber si quiere que le ayude a terminar su trabajo. Si usted se "lanza" a ayudar a un compañero, cuando este no quiere que le ayuden, puede crear tensión en lugar de aliento.

Un trabajador dijo: "Generalmente aprecio la ayuda de un colega, pero en ciertas situaciones, prefiero hacer las cosas yo solo. Si alguien quiere ayudarme, preferiría que tan solo me preguntara: '¿Quieres que te ayude con eso?'. Estaré encantado de darle una respuesta sincera". Si desea que sus actos de servicio se reciban como una expresión de aprecio, siempre es mejor preguntar antes de ayudar.

Sirva voluntariamente. Para que un acto de servicio sea alentador para un colega, la acción debe ofrecerse de manera voluntaria. Un acto de servicio realizado bajo la coacción de un supervisor deja de ser una expresión de aprecio, para convertirse simplemente en un acto motivado por el deber o la obediencia. Si un supervisor desea que alguien ayude a un miembro del equipo laboral a terminar un trabajo, el proceso tendrá mayor probabilidad de prosperar si él lo plantea como una petición y no como una exigencia. "Anita, ¿te molestaría ayudar a María a terminar ese proyecto? En verdad necesitamos terminarlo para hoy; no estoy seguro de que ella pueda hacerlo sin un poco de ayuda". Anita ahora es libre de decir: "Con gusto lo haré" o de decir: "Lo haré si tú así lo quieres, pero la última vez que le ayudé sentí que ella se aprovechaba de mí". Ahora, el supervisor tiene una opción. Puede presionar a Anita para que le ayude y así convertir la ayuda en un acto de obediencia, o puede decir: "Está bien. Te agradezco por comentarme eso. Se lo pediré a otra persona". Luego buscará a alguien que ayude a María de buena gana. Además, ya cuenta con información valiosa sobre la dinámica de la relación entre Anita y María. Para que un acto de servicio exprese aprecio genuino, debe realizarse voluntariamente.

> *Si decide **ayudar a un compañero de trabajo**, asegúrese de que pueda hacerlo **con una actitud positiva y alegre**.*

Analice su actitud. Existe un proverbio antiguo que dice: "El trabajo realizado con una actitud alegre es como lluvia que cae en el desierto". Pensamos que también es innegable lo opuesto: el trabajo realizado con una actitud negativa es como un tornado que sopla en el desierto. Recibir ayuda de alguien que está de mal humor o resentido por tener que ayudar no es alentador. La mayoría de las personas preferiría hacer el trabajo por su cuenta, que trabajar cerca de un colega que tiene una actitud crítica. Si decide ayudar a un compañero de trabajo, asegúrese de que pueda hacerlo con una actitud positiva y alegre.

Si va a ayudar, hágalo a la manera de ellos. Las personas cuyas personalidades tienden al perfeccionismo se resisten a recibir ayuda de sus compañeros, porque saben que ellos no trabajarán de la manera que los satisface. Así que cuando ayude a un colega, es importante aclarar cómo quiere este que se realice el trabajo. Si usted desea que sus esfuerzos sean apreciados, debe estar dispuesto a hacerlo de tal manera que la persona a quien usted ayuda sienta que el trabajo "se hizo bien". Antes de comenzar a ayudar, quizá sea conveniente preguntar: "¿Cómo te gustaría que hiciera esto?".

Este tema surge con frecuencia en un típico grupo de empleados: los asistentes administrativos. Ya sea que trabajen para el director de una escuela, un agente de seguros o el presidente de una empresa constructora, cuando nos escuchan hablar del principio que promueve "hágalo a la manera de ellos", reaccionan fuertemente y gritan: "¡En eso tienen razón!" y mueven la cabeza frustrados. Muchas veces nos han dicho: "Si no lo van a hacer de la manera que yo quiero, preferiría que me dejen hacerlo solo".

Termine lo que empieza. Para las personas que consideran importantes los actos de servicio, una manera de *no* alentarlas es empezar un trabajo y luego dejarlo inconcluso. Si usted va a "ayudar", asegúrese de terminar el trabajo. Yo (Gary) una vez tuve una compañera de trabajo que se ofreció a organizar mi biblioteca. Estaba encantado. Pensé: *Finalmente, voy a poder localizar un libro cuando lo necesite.* Sin embargo, mi entusiasmo me duró poco, ya que a mitad de la tarea, mi "buena samaritana" me informó que debido a otras responsabilidades no podría continuar el proyecto. Hasta este día, sigo teniendo dificultades para encontrar los libros que busco.

Existe una excepción a este principio: antes de comenzar, manifieste sus límites de tiempo. Puede decir: "El viernes a la tarde tengo dos horas que estaría dispuesto a dedicar a ayudarte a organizar las cajas del depósito. No estoy seguro de que pueda finalizar la tarea, pero si lo deseas, estoy dispuesto a invertir esas dos horas al menos para comenzar el proceso". Si la persona a quien usted intenta ayudar acepta su oferta limitada, probablemente lo considere como un acto de servicio genuino.

Cristina, supervisora de una empresa de piezas eléctricas, hace poco expresó en una de nuestras sesiones de entrenamiento de *Motivación Mediante el Aprecio*, que una de sus colegas había realizado un acto de servicio significativo. Cristina estaba hablando por teléfono y comentaba a uno de sus proveedores que no estaba segura de cómo iba a introducir y procesar los pedidos de todas las piezas para el final del día, ya que estaba muy atareada. Cuando cortó, se le acercó una colega y le dijo: "Cuando pasé por aquí, oí tu comentario de que estás muy atareada. ¿Te podría ayudar en algo para ponerte al día? Podría ayudarte en la hora de almuerzo". Trabajaron juntas en la hora de almuerzo en resolver la pila de papeleo, y Cristina dijo: "Ella no tenía por qué hacer eso; trabaja en otro departamento, y no era su trabajo, pero *realmente* fue de aliento para mí".

OFICINAS, CADENAS DE MONTAJE Y OTRAS SITUACIONES

Cómo "echar una mano" a un colega depende, realmente, de cada situación, depende del contexto laboral. Un consultorio médico, el depósito de un banco de alimentos o una oficina comercial tradicional, todos ellos tendrían su propia lista de actos de servicio que podrían ser útiles. El tipo de ayuda que usted ofrece también se ve afectado por la función de cada miembro del equipo laboral. Un acto de servicio en particular que preste puede ser diferente cuando se ofrece a una asistente administrativa, al jefe del departamento o a un miembro del equipo que tiene igual responsabilidad que usted.

Las empresas industriales y fábricas de ensamblaje crean algunos retos especiales en la aplicación de los actos de servicio como lenguaje del aprecio. En el trabajo con los supervisores de planta de las empresas productoras, la cuestión de echar una mano a los trabajadores que se atrasan en la cadena de montaje es un dilema complicado. Por un lado, los supervisores no deben "rescatar" a un trabajador que no se está esforzando como debería. Por otra parte, hay momentos en que el proceso de producción no es totalmente fluido y hay demoras porque ciertas áreas toman más tiempo que otras. Parte de la función de un supervisor de producción consiste en identificar esas demoras y reasignar recursos (trabajadores, máquinas, suministros) al área que demora el proceso general. En esta situación, ofrecer trabajadores adicionales para echar una mano, en realidad, no es un acto de servicio, sino una buena práctica gerencial.

Hemos observado supervisores de planta que ofrecían ayuda durante breves períodos de tiempo (de cinco a diez minutos), en los que trabajaban junto a los miembros de su equipo laboral para ayudar a los trabajadores de montaje a ponerse al día y no estar sobrecargados. Cuando este servicio está acompañado de comentarios como: "Estás haciendo un buen trabajo. Sé que haces el mayor esfuerzo posible. Arreglaremos esto para que la cadena fluya sin tantas complicaciones", puede ser un excelente aliento para los miembros de su equipo.

CÓMO AYUDAR: SUGERENCIAS PROVENIENTES DEL LUGAR DE TRABAJO

En nuestro trabajo con diversas empresas y organizaciones, hemos obtenido los siguientes ejemplos de acciones específicas que pueden realizar los supervisores y compañeros para alentar a los demás:

- Que se queden después de hora para ayudarme a terminar un proyecto.
- Que se ofrezcan a hacer alguna tarea insignificante para que yo pueda concentrarme en otras prioridades.
- Que se ofrezcan a hacer por mí tareas que me disgusta hacer.
- Que me ayuden a mejorar el rendimiento de mi computadora.
- Que me ayuden en la limpieza de los equipos al final del día.
- Que me traigan a mí o a mi equipo algo de comida cuando trabajamos hasta tarde para terminar un proyecto.

- Que le den tiempo extra al personal de apoyo para ayudarme a ponerme al día con mis tareas de archivo y papeleo.

Si usted sabe que el principal lenguaje del aprecio de su colega es el de *Actos de servicio*, entonces descubrir el servicio específico que sería más significativo para él puede ser tan simple como plantear la pregunta: "¿Te puedo ayudar en algo que te facilite el trabajo?". Quizá lo sorprenda la respuesta, pero ahora tendrá información valiosa sobre cómo expresar aprecio con mayor eficacia a esa persona en particular.

NO DAR EN EL BLANCO: SERVIR DE MALA GANA

Como mencionamos antes, la manera más frecuente de "no dar en el blanco" a la hora de expresar aprecio en el servicio a los demás es servir con una actitud negativa. Si el que recibe el servicio percibe resentimiento o siente que usted realiza la tarea de mala gana, su presencia probablemente lo desmotive en vez de alentarlo.

No olvide "revisar su actitud" antes de ofrecerse a ayudar a un colega.

Las personas para quienes son importantes los actos de servicio no quieren solo terminar el trabajo; valoran la actitud alegre y el espíritu de sacrificio dispuesto por parte de quienes les ayudan. No olvide "revisar su actitud" antes de ofrecerse a ayudar a un colega. Deshágase de cualquier sentimiento de estrés, reticencia u obligación antes de ir a ayudar a los demás. Los actos de servicio sinceros deben partir de un esfuerzo genuino por ayudar.

JIM JOHNSTON: EL APRECIO EN ACCIÓN

Jim es un tipo de perfil bajo; no es muy ostentoso, sino la clase de persona que usted no señalaría entre una multitud. Pero está siempre "donde tiene que estar". En la organización sin fines de lucro donde colabora como voluntario, Jim nunca es el líder o el tipo "que va al frente". Sin embargo, siempre es una de las primeras personas en llegar el sábado a la mañana para ayudar a preparar el desayuno de los residentes del refugio para desamparados. Si cayó nieve, llega temprano para apartar la nieve del camino con una pala. Generalmente, hace las tareas que son físicamente exigentes, llevan mucho tiempo y no son muy divertidas para la mayoría. Lava los platos después del desayuno, pasa la aspiradora por el comedor y lleva la camioneta para buscar comida al banco de alimentos.

Jim no espera elogios. Vive con sencillez y no le da mucho valor a las "cosas". Tampoco disfruta de salir a cenar o de asistir a actividades especiales con otras personas. Preferiría trabajar solo. Intentar mantener una conversación con él lo hace sentir incómodo.

Sin embargo, uno que otro sábado a la mañana aparece el coordinador de voluntarios de Jim y se pone a trabajar a la par de él en la cocina, a servir los alimentos y limpiar la cocina después de la comida (sin decir muchas palabras). Por esa actitud, Jim sabe que su supervisor valora y aprecia el trabajo que hace. No quiere que los demás le digan "gracias"; le gusta "ver" el aprecio en que le ayuden a hacer el trabajo. Esto es importante para él. Es evidente que el principal lenguaje del aprecio de Jim es el de *Actos de servicio*.

Demostrar su aprecio por aquellos con los que usted trabaja mediante el servicio puede ser una manera muy discreta, pero eficaz, de alentar a sus compañeros de trabajo. Si el principal lenguaje del aprecio de alguien es el de *Actos de servicio*, se sentirá fortalecido cuando sus colegas se ofrezcan a ayudarle. Cuando este individuo siente que lo aprecian, se motiva profundamente a seguir usando las habilidades que tiene para el beneficio de la organización.

REFLEXIÓN PERSONAL

1. *En una escala de 0-10, ¿qué tan importantes son para usted los actos de servicio?*

2. *¿Qué acto de servicio hizo alguien por usted durante la última semana? ¿Cómo lo hizo sentir?*

3. *¿Qué acto de servicio hizo usted por un compañero de trabajo durante la última semana? ¿Cómo cree que se sintió la otra persona?*

4. *Si usted es supervisor, considere la idea de plantear la siguiente pregunta a alguien que está a su cargo: "¿Te puedo ayudar en algo para facilitarte el trabajo?". Si usted puede hacer lo que le piden, ¿por qué no hacerlo?*

5. *Considere la idea de plantearle la misma pregunta a un colega.*

6. *Los trabajadores que se ayudan entre sí crean un clima laboral positivo y alentador, en el que todos se benefician. Busque oportunidades para ayudar a un compañero de trabajo esta semana.*

6

LENGUAJE DEL APRECIO N.° 4:

Regalos

Juan disfruta de su trabajo. Es gerente de planta en una empresa que fabrica equipos deportivos: cascos de fútbol americano, béisbol y ciclismo; canilleras para fútbol, hombreras para fútbol americano y almohadillas de diversos tipos para *hockey*, *lacrosse* y otros deportes. A través de los años, Juan pasó de ser operario, a supervisor de turno y después a capataz de departamento. Ya hace cinco años que es gerente de operaciones de planta.

Juan trabaja para una empresa familiar y se le considera un empleado valioso y siempre leal. Recibe un buen salario y, generalmente, disfruta su trabajo. Aprecia que su jefe le diga a veces: "¡Bravo!" y "¡Choca esos cinco!", cuando todo marcha sobre rieles en la planta.

Pero lo que verdaderamente hace que Juan se sienta valorado es cuando su jefe le da alguna de las entradas que recibe su empresa para espectáculos deportivos. Dos o tres veces al año le ofrecen entradas para ver uno de los partidos de los equipos locales: los *White Sox* de Chicago, algunas entradas para ver a los *Bulls* en invierno o entradas de fútbol americano para un partido en la Universidad de Northwestern. Y valora especialmente poder ir al partido de *Ohio State*, ya que creció en Ohio.

Darle algunas entradas no es gran cosa para los dueños de la empresa familiar, pero significa mucho para Juan cuando puede llevar a su hijo a un partido o ir con un par de amigos. Dado que los dueños no suelen dar entradas a personas que no sean de la familia, el hecho de que se las den a Juan lo hace sentir genuinamente apreciado. Por supuesto, el principal lenguaje del aprecio de Juan son los *Regalos*.

EL PODER DE LOS REGALOS

Dar el regalo correcto a una persona que aprecia las recompensas tangibles puede transmitir un fuerte mensaje de agradecimiento, aprecio y aliento. A la inversa, dar un regalo a alguien que no aprecia mucho los regalos tiene poco efecto; y el regalo equivocado puede, de hecho, ofender. La dificultad de dar el regalo correcto a la persona correcta es una de las principales razones por las que muchos empleadores ya no dan regalos de Navidad, aniversarios de trabajo o cumpleaños. Sin embargo, eliminar totalmente la costumbre de hacer regalos como expresión de aprecio hace sentir a muchos empleados poco valorados.

Julia, que administra un consultorio odontológico, dijo: "El elogio verbal es agradable. En cuanto al *Tiempo de calidad*, no me interesa demasiado pasar tiempo con la mayoría de las personas del trabajo (a excepción de un par de amigos cercanos). Tampoco me hace sentir apreciada que alguien se ofrezca a intentar ayudarme con mi trabajo. Preferiría hacer el trabajo yo sola. Sin embargo, algo especial para mí es que me den un certificado de regalo para una buena comida o entradas para el teatro".

Cuando presentamos el concepto de mostrar aprecio a los empleados mediante regalos, los ojos de muchas personas se iluminan y dicen: "Sí. ¡Muéstrame el dinero!". Pero no hablamos de aumentos o bonificaciones. Por supuesto, la mayoría apreciaría

un aumento o dinero adicional, pero en muchos contextos laborales, esta no es una opción factible.

La remuneración económica a menudo está directamente
vinculada a las descripciones del puesto y a alcanzar los niveles acordados de desempeño. Además, la mayoría de las organizaciones no tiene dinero suficiente
para premiar el buen desempeño de los
empleados con recompensas económicas,
que se suman con el tiempo. Recuerde que
un aumento sigue en efecto desde esa fe-
cha en adelante. En la economía actual,
la mayoría de los empleados no espera un
aumento astronómico; tan solo está agra-
decido de tener trabajo. Sin embargo, de
todos modos desean sentirse apreciados.
En contextos de voluntariado como en el
trabajo para una organización sin fines de
lucro, el servicio en la propia iglesia o en la
atención a los desamparados, generalmente, no es apropiado dar regalos monetarios
a los voluntarios. No "queda bien" dar a
los voluntarios una tarjeta de agradecimiento con un billete de
veinte dólares cuando se está sirviendo una comida a familias
desamparadas. El énfasis de este lenguaje del aprecio está puesto
principalmente en los regalos no monetarios.

> *La mayoría de las organizaciones no tiene dinero suficiente para* **premiar el buen desempeño de los empleados** *con recompensas económicas, que* **se suman con el tiempo**.

REGALOS: A QUIÉN Y QUÉ

Hay dos componentes fundamentales que son necesarios
para que las recompensas tangibles sean verdaderamente alentadoras para aquellos que las reciben.

*En primer lugar, los regalos son principalmente para las perso-
nas que los valoran.* Si recibir regalos es el lenguaje del aprecio
menos importante para un empleado, entonces usted obtendrá

mejores resultados si averigua y habla su lenguaje principal. Mientras un regalo es sumamente importante para algunas personas, ofrece muy poco aliento a otras. El mensaje que este libro intenta transmitirle es que si usted desea que los empleados se sientan valorados, debe hablar su principal lenguaje del aprecio. Si tiene que ver con los regalos, entonces a usted le conviene hacer la clase de obsequios que sean significativos para el individuo.

Si compra un regalo de Navidad para todos los miembros de su equipo, algunos de ellos valorarán el presente más que otros. Tal vez descubra que algunos, de hecho, darán su regalo a otras personas, porque no fue significativo para ellos. Como dador del obsequio, puede que usted sienta que sus esfuerzos fueron una pérdida de tiempo y dinero. Es mucho mejor identificar quiénes son aquellos que tienen como lenguaje del aprecio principal o secundario el de los *regalos* y después encontrar el tipo de regalo correcto para ellos.

El segundo elemento fundamental de una expresión eficaz de aprecio mediante los regalos es este: usted debe dar un regalo que la persona valore. Dos entradas para el *ballet* no van a poner contentos a algunos. La idea de estar sentada en el frío, un domingo por la tarde, para ver un partido de fútbol, literalmente, dejaría frías a muchas mujeres de solo pensarlo. Sin embargo, si usted le da las entradas para el *ballet* a una empleada que le gusta el *ballet*, le está expresando aprecio de una manera que ella recordará por mucho tiempo. Lo mismo se aplica a las entradas para ver un partido de fútbol. Si usted es gerente, tal vez, piense: *Esto es difícil. No tengo tiempo para averiguar quién quiere qué cosa. Por eso, es más fácil no hacer ningún regalo.* Entendemos su desánimo, pero aventurarse a esa conclusión dejará a algunos empleados con la profunda sensación de no ser apreciados.

Aunque es útil saber que el lenguaje del aprecio principal o secundario de una persona son los *Regalos*, sigue dejando al dador en un dilema sobre qué regalo dar. Sin embargo, cuando un supervisor sabe qué regalos valoraría la persona, ya tiene la información necesaria para expresarle aprecio. Hemos descubierto que los gerentes y supervisores están dispuestos a invertir tiempo, esfuerzo y dinero en comprar un regalo cuando saben que será significativo para el receptor.

MÁS QUE UNA TAZA

Los que no comprenden el verdadero espíritu de hacer regalos, a menudo, "no dan en el blanco" en sus intentos por dar obsequios. No comprenden que lo importante no es tan solo el hecho de recibir un regalo, sino que mostrar aprecio por este medio es impactante cuando el presente muestra que el dador dedicó tiempo y dedicación en pensar en el regalo. Y se han hecho las preguntas: "¿Qué disfrutaría esta persona? ¿Cuáles son sus intereses? ¿Qué los haría sentirse especiales y apreciados?".

A la inversa, los regalos no premeditados, los que se compraron en un apuro, en respuesta a la tradición o por un sentimiento de la obligación, sin una inversión personal verdadera de tiempo o reflexión, no solo no dan en el blanco, sino que además expresan un mensaje negativo. El regalo parece un acto descuidado y no una genuina expresión de aprecio. Ese tipo de obsequios hacen poco para mejorar las relaciones. Muchas empresas regalan tazas de café, calendarios, bolígrafos con información de la empresa o regalos similares a sus clientes o consumidores. Aunque esto puede ser una buena manera de publicitar la compañía, generalmente, no se perciben como regalos que provienen del aprecio. Si usted desea que un cliente se sienta valorado, es mucho mejor darle algo que sabe que esa persona apreciaría. ¿Requiere de más tiempo y esfuerzo hacer regalos bien pensados como estos? Seguro que sí. Una manera de obtener información valiosa

> *Los regalos no premeditados no solo **no dan en el blanco**, sino que además **expresan un mensaje negativo**.*

es realizar una encuesta a sus clientes o consumidores, y hacer preguntas como:

- ¿Quiénes son algunos de sus artistas musicales favoritos?
- ¿Cuál es su revista favorita?
- ¿Cuáles son algunas de sus actividades de esparcimiento favoritas?
- ¿Cuáles son sus equipos deportivos favoritos?
- ¿Cuáles son sus restaurantes favoritos?
- ¿A qué espectáculos le gusta asistir?

Con esta información, es mucho más probable que usted haga un regalo que su cliente aprecie.

Cuando hablamos de los regalos como medio de demostrar aprecio a los compañeros de trabajo, es importante aclarar que esto no siempre se trata de un "objeto". De hecho, muy a menudo los regalos que valoran las personas entran en la categoría de "experiencias" y no de objetos. En este tipo de regalos, se incluyen:

- Entradas para espectáculos deportivos (básquetbol, béisbol, *hockey*, fútbol).
- Tarjetas de regalo para restaurantes.
- Entradas para acontecimientos culturales (el teatro, una exhibición de arte importante, la orquesta sinfónica).
- Vacaciones cortas/retiros (un fin de semana en un hotel con desayuno).
- Certificados de regalo para un *spa*, una manicura o una ronda gratuita de golf en el club de campo local.
- "Cheques" para ir de compras al centro comercial local.
- Tarjetas de regalo para una tienda de artículos del hogar o artículos deportivos.

Este tipo de regalos son los más populares entre los empleados de hoy. (Por favor consulte "El arte de hacer regalos sin comprar nada" del Conjunto de herramientas del aprecio que se encuentra al final de este libro.

Un reto que se les plantea a algunos supervisores y gerentes es encontrar tiempo para comprar tarjetas de regalo o cupones de descuento para espectáculos. Dichosamente, muchas de estas cosas se pueden comprar por la Internet. Pero para los que supervisan o trabajan en situaciones en las que no pueden acceder a la Internet con facilidad durante el día, comprar regalos puede exigir un esfuerzo extraordinario (y por eso, puede no ocurrir). Y, para ser sinceros, muchos supervisores no tienen mucho dinero extra para financiar personalmente la compra de tarjetas de regalo de $ 25 o $ 30 para su personal.

En el contexto de una fábrica, trabajamos con el liderazgo de la empresa para resolver este problema. El equipo gerencial quería impulsar a sus supervisores a que alentaran a los operarios de la compañía con regalos. Por eso, crearon un fondo especial (al principio de solo $ 500 como prueba) y dieron instrucciones al director de recursos humanos para que trabajara en conjunto con los supervisores con el fin de averiguar qué tipo de cupones de regalo o entradas para espectáculos desearían recibir los empleados. Después, el director de recursos humanos compró los regalos y los puso a disposición de los supervisores para que los utilizaran con los miembros de su equipo. Sin embargo, se les pidió que enviaran una nota manuscrita junto con el regalo para garantizar que fuera personalizado y diera muestras del tiempo y el esfuerzo invertidos de su parte. Los supervisores apreciaron el esfuerzo práctico y financiero de la empresa, y los empleados estuvieron más que contentos de recibir regalos que fueran significativos y de aliento para ellos.

ADEMÁS: "TIEMPO LIBRE" COMO REGALO

Un tema sobre el que muchas veces nos preguntan es: "¿Y si nos dieran algo de tiempo libre? ¿Dónde encaja eso en el modelo

*Un tema sobre el que **muchas veces nos preguntan** es: "¿Y si nos dieran algo de tiempo libre?".*

de *Motivación Mediante el Aprecio*?". Esta pregunta es más probable que provenga de trabajadores más jóvenes (Generación X, Generación Y y Generación del milenio) ya que este grupo le da gran importancia al tiempo libre.

Al comentar este tema con los trabajadores más jóvenes así como con los empresarios y gerentes, el tiempo libre parece encajar mejor dentro de la categoría de un beneficio por recibir. Es un regalo. Dar el privilegio de irse antes del trabajo o de tener algo de tiempo libre cuando se finaliza un proyecto importante puede ser un regalo sumamente eficaz.

MARÍA: SIN TIEMPO PARA IR DE COMPRAS

A María le encanta ir de compras. Sin embargo, es austera. Tiene dos hijos en la universidad y un puesto de responsabilidad como jefa del departamento de relaciones con el cliente en una empresa de servicios financieros. Encontrar tiempo para ir de compras es todo un reto para ella.

Cuando su supervisor, Jerónimo, descubrió que los regalos significaban mucho para María y que era una compradora frustrada sin tiempo para ir de compras, quiso darle un día libre (con goce de sueldo) junto con un certificado de regalo de $ 100 para las tiendas del principal centro comercial de la zona. Cualquiera hubiera dicho que se parecía a una niña golosa, a quien le estaban dando acceso ilimitado a una heladería para que comiera lo que quisiera. María estaba eufórica y entusiasmada mientras planificaba su día de compras; después, no dejó de hablar de la experiencia durante semanas. En su mente, Jerónimo era el mejor encargado para el que había trabajado en toda su vida, y se sentía altamente motivada para dar lo mejor de sí en el trabajo.

Este es el poder de hacer regalos a aquellos que los aprecian. Cuando usted descubre cuál es el regalo indicado para la persona, le infunde aliento y energía para que siga dando lo mejor de sí.

¿Y QUÉ HAY DE LOS REGALOS PARA COMPAÑEROS DE TRABAJO?

En la mayor parte de este capítulo, hemos hablado de regalos ofrecidos por los supervisores o gerentes a quienes trabajan para ellos. Sin embargo, hacer regalos entre los compañeros de trabajo también es valioso. Si usted sabe que recibir regalos es el principal lenguaje del aprecio de un compañero y elige un regalo que sabe que esa persona valoraría, está fortaleciendo esa relación, lo que a su vez creará un clima laboral más positivo. A veces, los compañeros de trabajo llegan a hacer un fondo común para comprar un regalo para otro compañero cuando saben que es un regalo que valorará mucho. Esto resalta la importancia de que los compañeros de trabajo hablen entre sí de los resultados de su **Inventario de Motivación Mediante el Aprecio**. Con estos datos, los compañeros de trabajo sabrán exactamente qué clase de regalo es significativo para cada persona. También sabrán quiénes son los compañeros para los que recibir regalos es el lenguaje menos importante a la hora de sentirse apreciados. Creemos que esta valiosa información ayudará a los colegas a crear un clima de aprecio de una manera muy genuina y significativa.

REFLEXIÓN PERSONAL

1. *En una escala de 0-10, ¿qué tan importante es para usted recibir regalos?*

2. *Si contestó 7 o más a la pregunta anterior, ¿qué tipo de regalos valora más?*

3. *¿Qué regalos ha recibido de compañeros de trabajo o de su supervisor durante el último año? ¿Cómo se sintió cuando recibió el regalo?*

4. *¿Qué regalos ha hecho a colegas durante el último año? ¿Cómo respondió la persona que recibió el regalo?*

5. *¿Tiene compañeros de trabajo a quienes aprecie genuinamente? ¿Ha observado que se hacen regalos entre ellos? De ser así, tal vez, pueda preguntarles: "Si quisiera regalarles algo que exprese mi aprecio por ustedes, ¿qué tipo de regalo realmente valorarían?". O escuche sus comentarios durante una conversación habitual, y cuando digan: "Me gustaría tener uno de esos", tome nota y úselo como guía para comprar su obsequio.*

7

Contacto físico

 Si usted ha completado el **Inventario de Motivación Mediante el Aprecio**, probablemente habrá observado que el lenguaje del aprecio n.° 5: *Contacto físico* no está incluido. Existe una razón para esto. Cuando comenzamos a investigar cuál era la mejor manera de aplicar los lenguajes del amor a las relaciones laborales, utilizamos los cinco lenguajes, aunque sabíamos que sería todo un reto traducir el lenguaje del contacto físico de manera apropiada.

Dado que habíamos decidido comenzar el proyecto *Motivación Mediante el Aprecio* con el desarrollo de una herramienta que sirviera de evaluación, el primer paso fue crear acciones apropiadas que expresaran el aprecio mediante el contacto físico en el lugar de trabajo. Luego transcribimos esas acciones a ítems del cuestionario.

Al principio, fue relativamente fácil crear ítems relacionados con el contacto físico, que fueran culturalmente aceptables y que no tuvieran una alta probabilidad de ser mal interpretados en su naturaleza. Sin embargo, a medida que avanzamos, descubrimos que el número y la variedad de estas acciones es bastante limitado.

Intentamos crear ítems del cuestionario que fueran sensibles a las normas culturales, pero también significativos en contextos laborales. Algunas de las preguntas incluyeron:

- "Me siento importante cuando alguien me da un fuerte apretón de manos como una manera de expresar: 'Buen trabajo'".
- "Me siento apreciado cuando alguien me da un 'choca esos cinco' cuando trabajé bien".
- "Una simple palmada en la espalda por parte de un amigo comprensivo me inspira a perseverar cuando estoy haciendo un trabajo difícil".
- "Sé que soy apreciado cuando un compañero de trabajo se para a mi lado y me da una palmada en el hombro mientras me hace un elogio verbal".
- "Cuando me ocurre una tragedia personal, aprecio un abrazo de un compañero de trabajo".

Hay otras demostraciones de contacto físico que pueden ser expresiones de aprecio aceptables. Sin embargo, el hecho de que esas acciones sean apropiadas o no depende de la persona, del tipo de relación laboral y de la cultura interna de la organización en la cual se da. Algunas acciones son adecuadas para ciertas personas, pero harían que otras se sientan incómodas. Ante estas variables, el reto es encontrar las expresiones adecuadas del contacto físico en las relaciones laborales.

Sabemos que el contacto físico es una parte normal de la vida. Por ejemplo, hace poco yo (Paul) almorzaba con un amigo y hablábamos sobre este tema, cuando él me afirmó: "Es difícil. No puedes eliminar el contacto físico completamente. Acabo de salir de mi oficina y cuando descubrí que mi asistente había terminado un proyecto largo esta mañana, espontáneamente levanté la mano para hacer un 'choca esos cinco' y celebrar. Terminó el gesto, nos reímos, y seguí con otra cosa".

Al mismo tiempo, sabemos que el contacto físico en el trabajo puede ser problemático. Cuando hicimos un estudio práctico basándonos en el cuestionario, los gerentes, supervisores y empleados no dejaban de expresar sus inquietudes acerca del contacto físico en el lugar de trabajo. Los comentarios de los supervisores de las empresas incluyeron los siguientes: "Entiendo el valor del lenguaje del 'contacto físico', pero estos ítems me ponen nervioso". "Puedo imaginarme incluir los ítems sobre el 'contacto físico' en algunos contextos, pero creo que crearían problemas en otros".

Otros estudios prácticos adicionales sobre el inventario revelaron que ni una sola persona consideraba que el *Contacto físico* fuera su principal lenguaje del aprecio en el trabajo. Muchas veces, era el lenguaje menos importante para los que respondían el inventario. Por lo tanto, al parecer, en comparación con los otros cuatro lenguajes del aprecio, el contacto físico era claramente el menos importante para la mayoría de las personas en sus relaciones laborales. Por eso, al tener en cuenta nuestros datos, enfocamos los ítems del **Inventario de Motivación Mediante el Aprecio** y nuestra asesoría para las organizaciones a solo cuatro lenguajes del aprecio.

¿ES APROPIADO EL *CONTACTO FÍSICO* EN UN CONTEXTO LABORAL?

Aunque recibimos el apoyo unánime de todas las empresas y organizaciones con las que utilizamos el modelo de *Motivación Mediante el Aprecio*, muchas personas han preguntado: "¿Es apropiado el contacto físico en el trabajo?". Esta pregunta parece plantearse con mayor frecuencia por los que valoran el contacto físico en sus relaciones personales.

Creemos que el contacto físico apropiado *sí* ejerce un rol en las relaciones laborales. Mi trayectoria académica (de Gary) es la antropología cultural. En todas las culturas, existen formas de contacto apropiadas e inapropiadas entre los miembros del sexo opuesto y formas de contacto apropiadas e inapropiadas entre los miembros del mismo sexo.

El contacto físico apropiado es un aspecto fundamental del comportamiento humano. En el ámbito del desarrollo infantil, numerosas investigaciones han llegado a la misma conclusión: los bebés que reciben abrazos, y se los sostiene y acaricia con ternura, desarrollan una vida emocional más saludable que quienes pasan largos períodos de tiempo sin recibir ninguna especie de contacto físico. Lo mismo sucede con los ancianos. Visite un asilo de ancianos y descubrirá que los residentes que reciben contacto físico de afirmación tienen un espíritu más positivo y, por lo general, están mejor físicamente, que los que no reciben ningún contacto físico. Este tipo de contacto lleno de ternura es un lenguaje fundamental del amor y el aprecio.

"Acá a veces **me muero de ganas** *de que alguien me demuestre afecto, y nadie lo hace".*

Lo que les sucede a los bebés y a los ancianos también les sucede a los adultos en el lugar de trabajo. El contacto físico, sin contenido sexual, puede ser expresiones de aprecio significativas para los compañeros de trabajo. Una joven trabajadora soltera expresó: "Es curioso que nadie duda de tocar a un bebé o de darle una palmada a un perro desconocido, pero acá a veces me muero de ganas de que alguien me demuestre afecto, y nadie lo hace. Supongo que no tenemos confianza para hacerles saber a las personas que a todos nos gusta el contacto físico, porque tenemos miedo de que nos malinterpreten. Así que nos quedamos solos y aislados físicamente". Esta jovencita no pedía un contacto sexual. Ella reconocía la necesidad emocional de una palmada o un abrazo. El contacto físico es una manera de reconocer el valor de otra persona y puede ser profundamente alentador.

NO TODOS LOS CONTACTOS SON IGUALES

Las clases de contacto que hacen que usted se sienta alentado pueden no hacer que otra persona se sienta alentada. Debemos descubrir de la persona que tocamos, qué percibe ella como contacto físico que demuestra valoración. Si usted apoya la mano sobre el hombro de un compañero de trabajo y nota que su cuerpo se pone tenso, sabrá que para él o ella ese contacto no es una expresión de aprecio. Cuando alguien se aparta de usted físicamente, a menudo eso indica que existe una distancia emocional entre ambos. En nuestra sociedad, un apretón de manos es una manera de expresar transparencia y cercanía social. En esas raras ocasiones en que un hombre se niega a dar un apretón de manos a otro, se transmite el mensaje de que algo no anda bien en su relación. Por otra parte, cuando usted apoya la mano sobre el hombro de un colega y al mismo tiempo verbaliza su aprecio, si el colega le dice: "Gracias; en verdad aprecio eso", usted sabrá que tanto la afirmación verbal como el contacto físico fueron recibidos de manera positiva.

Además, existen contactos implícitos y explícitos. Los contactos implícitos son sutiles y solo llevan un momento, y a menudo se ofrecen sin pensarlo demasiado. Una palmada en la espalda, un apretón de manos rápido o un "choca esos cinco" son ejemplos de contacto implícito y son expresiones comunes de contacto físico en algunos contextos laborales. El contacto explícito, normalmente, requiere de más reflexión y tiempo. Un apretón de manos prolongado mientras le dice a la persona: "En verdad aprecio lo que hiciste; nunca olvidaré el esfuerzo que dedicaste a esta tarea" bien puede expresar su aprecio de manera muy profunda a quien valora este lenguaje. Una trabajadora que pasa mucho tiempo en la computadora quizá valore mucho un masaje en el cuello por parte de una colega femenina de confianza.

Si usted creció en una familia "demostrativa" y el contacto físico es natural para usted, probablemente lleve esa característica al trabajo. Será sumamente importante que determine si su contacto físico habitual para con los demás se recibe como una muestra de afirmación o como una molestia. La manera más segura de averiguarlo es tan sencilla como preguntar: "Crecí en una familia 'demostrativa', pero sé que no todos aprecian eso. Así que si mis palmadas en la espalda te molestan, por favor, házmelo saber, porque valoro nuestra relación".

Casi instintivamente, en momentos de crisis, nos abrazamos. ¿Por qué? Porque el contacto físico es una poderosa expresión de amor y atención. En momentos críticos, necesitamos más que ninguna otra cosa sentir que los demás se interesan por nosotros. No siempre podemos cambiar la situación, pero podemos sobrevivir si nos sentimos amados y apreciados. Incluso en esas situaciones, en un contexto laboral, siempre es mejor preguntar si la persona agradecería un abrazo (ya sea de manera verbal o no verbal al abrir nuestros brazos como invitación). Si nos apresuramos a darle un abrazo a alguien que o bien no lo espera o que prefiere más espacio personal, puede que esa persona no lo experimente como una muestra de apoyo, aunque *usted* sienta la "necesidad" de darle un abrazo.

EL CONTACTO FÍSICO Y LA SEXUALIDAD

La atención que recientemente se ha dado al acoso sexual en la cultura de Occidente ha resaltado el riesgo de tocar a un miembro del sexo opuesto de una manera considerada sexualmente inapropiada. Este tipo de contacto no solo no expresa aprecio, sino que también puede desencadenar problemas mucho más graves. Pregunte a cualquier empresario, supervisor o gerente de recursos humanos y descubrirá que el acoso sexual en el trabajo es un problema mayor. Gran parte de las organizaciones más grandes abordan este problema en su entrenamiento a los empleados.

Las pautas creadas por la Comisión de Igualdad de Oportunidades Laborales de los Estados Unidos indican que el acoso sexual ocurre cuando existe una o más de las siguientes condiciones:

1. Un empleado cede a las insinuaciones sexuales como condición necesaria para obtener o mantener un trabajo, condición planteada de manera explícita o implícita.

2. El supervisor toma decisiones sobre el personal basadas en el sometimiento o rechazo del empleado en cuanto a las insinuaciones sexuales.

3. La conducta sexual se vuelve poco razonable e interfiere con el desempeño laboral del empleado o crea un entorno de trabajo intimidante, hostil u ofensivo.

Lamentablemente, este tipo de acoso sexual no es raro. En un estudio que incluyó más de 20.000 empleados del gobierno federal estadounidense, el 42% de las mujeres y el 15% de los hombres indicaron que habían sufrido acoso sexual en el trabajo por lo menos una vez durante el período anterior de dos años.[1] Algunas empresas definen el acoso sexual como un contacto físico deliberado. Este tipo de pautas estrictas tienden a reprimir los contactos físicos normales y apropiados en el trabajo.

Uno de los retos respecto del acoso sexual es la cuestión de la percepción. La perspectiva en cuanto a lo que es apropiado o inapropiado en el trabajo puede diferir enormemente de una persona a otra. Esta es otra razón por la que algunos rechazan cualquier contacto físico en el ámbito laboral.

> *La perspectiva en cuanto a lo que es apropiado o inapropiado en el trabajo **puede diferir enormemente** de una persona a otra.*

Nuestra cultura ha sexualizado en gran manera el contacto físico; creemos que en un grado inapropiado. La mayoría de los medios de comunicación crean y envían imágenes que relacionan casi todas las formas de contacto físico con una intención sexual o con una respuesta sexual. Esto es lamentable, porque investigadores de diversos ámbitos han demostrado reiteradas veces el valor positivo del contacto apropiado.

EL CONTACTO FÍSICO Y EL MALTRATO

Otra triste realidad de la cultura occidental es el maltrato físico. Hay personas en la mayoría de las organizaciones, que están llenas de dolor y enojo y a veces se desbordan en un comportamiento destructivo. Vemos los ejemplos más dramáticos en los noticieros de la tarde; sin embargo, muchas personas nunca han aprendido a controlar el enojo. A menudo maltratan físicamente a los miembros de su familia y a veces descargan su ira sobre sus compañeros de trabajo.

El maltrato físico puede definirse como "causar daño físico mediante golpes, puñetazos, patadas u otros actos físicamente destructivos que surgen del enojo, no por juego". La palabra clave es enojo. Algunos nunca han aprendido a manejar el enojo de una manera constructiva. Cuando algo en el comportamiento de otra persona los ofende, el fluir de palabras agresivas es seguido de violencia física. Cachetadas, empujones, codazos, estrangulamiento, avasallamiento, sacudones y golpes, todas estas son conductas de maltrato. Cuando esto sucede, podemos estar seguros de que estos contactos no demuestran aprecio. Las palabras y expresiones positivas y de afecto físico que siguen después de esas explosiones de ira siempre parecerán huecas. La psique humana no se recupera con facilidad de este tipo de maltrato físico.

Un pedido de disculpas franco y sincero no basta. La persona que maltrata debe buscar ayuda para quebrar esos patrones destructivos y aprender técnicas que le permitan manejar la ira de manera positiva. El enojo explosivo no desaparecerá tan solo con el paso del tiempo. En nuestra opinión, cuando el maltrato físico ocurre en el trabajo, la persona que maltrata debe ser suspendida del empleo inmediatamente. Cualquier reincorporación debe estar supeditada a que dicha persona obtenga ayuda psicológica apropiada para descubrir cuál es la fuente de su enojo y cómo manejarlo de una manera más constructiva. Permitir que una persona violenta continúe trabajando es poner en riesgo al resto de los empleados. Usted no sirve a la causa de la empresa cuando permite el desenfreno de los comportamientos de maltrato.

Permitir que una persona violenta continúe *trabajando es poner en riesgo al resto de los empleados*.

También es importante notar que las personas que han sido víctimas de maltrato físico en sus relaciones suelen ser sensibles a cualquier tipo de contacto físico. Aunque la mayoría de los casos de maltrato físico ocurren en las relaciones personales y el hogar, independientemente de dónde ocurrió el maltrato, a los afectados les surge una mayor (y legítima) necesidad de protección personal y un deseo de más espacio. A menudo, reaccionan a la defensiva ante los vertiginosos movimientos físicos de los demás. Muchas veces, sus colegas o supervisores no tienen idea de que sus compañeros de equipo han sufrido maltrato físico (ya sea en el pasado o en sus relaciones actuales). Por lo tanto, todos necesitamos ser cautelosos en el uso del contacto físico apropiado en nuestras relaciones laborales.

MÁS ALLÁ DE LAS INQUIETUDES: LOS BENEFICIOS DEL CONTACTO FÍSICO

A pesar de los retos asociados al contacto físico en el trabajo, creemos que los beneficios potenciales del contacto *apropiado* son lo suficientemente significativos para no dejar de lado totalmente este lenguaje del aprecio. Como indicamos anteriormente, se ha demostrado que el contacto físico es fundamental para el desarrollo saludable en la niñez. Cuando se usa de manera apropiada, se ha comprobado que el contacto físico tiene un efecto positivo sobre el aprendizaje académico y la sanidad emocional, así como para crear un sentido de aceptación. También puede expresar una serie de mensajes positivos en las relaciones: un sentido de confianza, vínculo y cuidado. Es una forma de expresar entusiasmo y gozo.

Expresar aprecio mediante el contacto físico puede afectar positivamente el lugar de trabajo cuando se realiza de manera apropiada. Un firme apretón de manos a modo de saludo o felicitación, un "choca esos cinco" para celebrar algo, un choque de puños... todos estos se usan con frecuencia en las relaciones laborales. Los investigadores multiculturales han descubierto que una palmada en la espalda es casi universalmente aceptada como un acto que expresa aprecio. Lo interesante es que recientemente las facultades de administración empresarial han comenzado a investigar el efecto del contacto físico sobre la conducta de las personas en las interacciones laborales.[2] Esperamos que dichas investigaciones continúen, porque creemos que el contacto físico es muy valioso como medio para expresar aprecio.

Tal vez, usted desee realizar una pequeña investigación "de la vida real". Creemos que descubrirá que las observaciones de la vida cotidiana afirman que el contacto físico es un lenguaje que a menudo se usa en el trabajo. Observe cómo los demás interactúan cuando tienen una relación positiva de compañerismo. Preste atención a cómo responden las personas cuando le sucede algo bueno a alguien en el trabajo. Tómese el tiempo de notar el número de apretones de mano, choques de puños, "choca esos cinco", palmadas en la espalda y otros gestos físicos. Esté especialmente alerta en contextos menos formales como un almuerzo, una reunión social después del trabajo o un picnic organizado por la empresa. Tal vez, lo sorprenda la cantidad de aliento que se expresa mediante el contacto físico de una manera cálida, motivadora y positiva.

En conclusión, aunque no creemos que manifestar aliento y aprecio mediante el contacto físico sea fundamental y esencial en la mayoría de las relaciones laborales, tampoco creemos que el lugar de trabajo deba convertirse en un entorno "sin ningún tipo de contacto". Muchas personas con las que interactuamos a diario valoran los actos apropiados de expresión física, por lo que estos pueden sumar una profunda calidez a las relaciones laborales.

¿Cómo sabe usted qué compañeros de trabajo considerarían el contacto físico como una expresión de aprecio? Observe el comportamiento de sus colegas. ¿Suelen dar palmadas en la espalda, "chocar esos cinco" o abrazar a los demás? De ser así, puede suponer con seguridad que recibir una muestra de contacto físico de su parte sería aceptada como una expresión de aprecio. Generalmente, las personas que con libertad tocan a los demás para demostrarles estima son las mismas personas que recibirían con agrado los contactos de los demás. Por otra parte, si usted nunca ve a un colega tocar a otros y si, como mencionamos antes, se pone tenso cuando alguien lo toca, entonces sabrá que el contacto físico no será recibido como un gesto de aprecio.

REFLEXIÓN PERSONAL

1. *¿Qué tipos de contacto físico en el lugar de trabajo considera usted que ofrecen aliento?*

2. *¿Qué tipos de contacto físico lo hacen sentirse incómodo?*

3. *Entre sus colegas, ¿quiénes son los que suelen "tocar" a los demás? Las personas que se sienten apreciadas con el contacto físico suelen ser las que tocan a los demás. ¿De qué manera podría usted corresponder a su aprecio?*

4. *Si volviera a analizar el día de hoy y de ayer, ¿qué tipos de contacto físico ofreció usted a los demás? ¿Cómo respondieron?*

5. *Si tiene la tendencia a realizar algún tipo de contacto físico, ¿quién pareció rechazar el contacto? ¿Por qué cree que ha sido así?*

6. *Si usted ha recibido muestras de contacto físico por parte de algún compañero de trabajo que le hicieron sentirse incómodo, considere la idea de hablar del tema con esa persona. Esta es la mejor manera de eliminar el contacto físico indeseado.*

SECCIÓN 3

Cómo aplicar los conceptos
a la vida cotidiana

8

El Inventario MMA

Una de las cosas que distingue al ser humano de los animales es su capacidad para comunicarse por medio de las palabras. El lenguaje es distintivamente humano. Otro elemento es que son sumamente diversos. Yo (Gary) recuerdo que una vez estaba sentado en un laboratorio de lingüística e intentaba registrar fonéticamente los sonidos de una lengua que nunca había oído. Incluso cuando registraba los sonidos, para mí no tenían absolutamente ningún sentido. No expresaban nada, porque no entendía el significado de las palabras.

Todos crecimos aprendiendo a hablar la lengua de nuestra cultura. Si usted creció en un entorno multicultural, quizá pueda hablar distintas lenguas. Sin embargo, la lengua que usted aprende a hablar primero, a menudo la lengua de sus padres, será su lenguaje primario. A veces, se lo ha llamado "lenguaje del corazón". Su lengua nativa es la que usted comprende mejor y la que se comunica con usted más claramente. Tal vez, hable una segunda lengua o incluso una tercera con fluidez, pero usted será siempre parcial hacia su lengua nativa.

Lo mismo se aplica cuando hablamos sobre los lenguajes del aprecio. De los cuatro lenguajes fundamentales, cada uno de nosotros tiene un lenguaje del aprecio preferido. Es el que nos habla con mayor profundidad emocional. Después de ver cuatro lenguajes del aprecio —*Palabras de afirmación*, *Regalos*, *Actos de servicio* y *Tiempo de calidad*—, algunas personas inmediatamente reconocerán su propio lenguaje principal. Otros, dado que nunca han pensado en el aprecio según este paradigma, no estarán seguros de cuál es su lenguaje. Este capítulo tiene la intención de ayudar a esas personas a identificar sus lenguajes del aprecio principal y secundario.

La base conceptual del modelo de *Motivación Mediante el Aprecio* son los principios clave que encontramos en los cinco lenguajes del amor. Estos principios fundamentales incluyen:

1. Existen diferentes maneras de expresar aprecio y aliento a los demás.

2. Las personas suelen tener preferencias en cuanto al modo de comunicarles que los aprecian y valoran; algunos modos de comunicación son más significativos que otros.

3. La expresión más eficaz del aprecio y el aliento ocurre cuando el mensaje se envía en el lenguaje del aprecio más valorado para el receptor.

4. Los mensajes de aprecio y aliento en lenguajes no valorados por el receptor tenderán a no dar en el blanco.

En resumen, cada persona tiene un lenguaje del aprecio principal. Si usted les habla en ese lenguaje, se sentirán apreciados. Si no habla ese lenguaje, no se sentirán apreciados.

Poder aplicar los lenguajes del aprecio a las relaciones laborales exige primero identificar su propio lenguaje. Para lograr esa meta, creamos el **Inventario de la Motivación Mediante el Aprecio (MMA)** con el fin de ofrecer una herramienta confiable, válida y fácil de usar, destinada a empleados, empleadores y supervisores. Durante los últimos cuatro años, hemos efectuado estudios prácticos e investigaciones del inventario, con el fin de que ofrezca una evaluación precisa del lenguaje del aprecio principal y secundario de una persona. El inventario también le revelará el lenguaje menos significativo para usted.

El **Inventario MMA** se compone de veinte declaraciones en grupos de cuatro, en las que se comparan diferentes maneras de expresar aliento a compañeros de trabajo. Se pide al encuestado que elija la declaración que describe con mayor exactitud la manera en que se siente alentado o apreciado por las personas con quienes trabaja. Del patrón de respuestas elegido, se identifica el lenguaje del aprecio principal y el secundario de la persona.

Para hacer el **Inventario MMA**, consulte el Apéndice 1. Después de elegir su preferencia para cada una de las veinte declaraciones en grupos de cuatro, descubrirá cuál es su principal lenguaje del aprecio y el secundario, además del lenguaje menos significativo para usted.

Cuando haya completado el inventario, tendrá la oportunidad de crear una lista de acciones importantes para usted en su lenguaje del aprecio. Esto le permite identificar las acciones específicas que gerentes, supervisores y compañeros de trabajo podrían realizar si desearan expresarle aprecio de la manera más significativa para usted.

Aunque es verdaderamente útil comprender el lenguaje del aprecio de sus compañeros de trabajo, es mucho más útil poder identificar las acciones especiales que expresan claramente el aprecio hacia cada persona. Esto le ayuda a no "dar golpes al aire", sino a tener una idea general de lo que es importante para su colega y, básicamente, acertar en la manera de satisfacer esa necesidad.

LO QUE MÁS DESEA SUSANA

Susana es una miembro esforzada del personal de una organización sin fines de lucro que trabaja con jóvenes de barrios marginados. Ella trabaja incansablemente para coordinar la búsqueda de mentores adultos aptos para apadrinar adolescentes. Evalúa potenciales mentores, les ofrece entrenamiento y entrevista a los jóvenes y padres que buscan modelos positivos. Luego contribuye al desarrollo de lo que, se espera, sean relaciones de tutoría a largo plazo. Susana no gana mucho dinero, pero lo que la motiva a continuar trabajando es que las personas le ofrezcan reconocimiento verbal por la tarea que realiza. Se siente genuinamente apreciada cuando recibe:

- Una palabra de agradecimiento de una madre soltera cuyo hijo está aprendiendo a arreglar automóviles con su mentor.
- Una sonrisa y un suave "gracias" de una adolescente callada que conoce por primera vez a su nueva mentora.
- Una palabra de elogio de su supervisor, como: "Estás haciendo un buen trabajo con el programa de tutoría".

Sin embargo, no le pidan a Susana que se ponga de pie delante de un grupo para ser elogiada. Y *definitivamente* no le den un premio por su servicio ejemplar en la actividad anual para recaudar fondos. Ambas cosas la avergonzarían y la harían sentirse incómoda.

¿Cómo podría saber esto el supervisor de Susana? Podría percibirlo de manera informal o mediante la intuición. Pero también puede que no entienda este aspecto del carácter de Susana. Sería mucho mejor conocer sus preferencias con antelación.

Si todos los miembros de su equipo de trabajo hacen el inventario, pueden comentar los resultados con sinceridad entre ustedes. Imagínese cuánto pueden cambiar las cosas si cada uno de sus colegas aprende a expresar aprecio y aliento en el lenguaje principal de sus compañeros de trabajo. Podemos asegurarle que mejorará el ambiente emocional, el nivel de satisfacción laboral y la moral general del grupo.

¿QUÉ PASA SI MIS COMPAÑEROS DE TRABAJO
NO HAN HECHO EL INVENTARIO MMA?

Reconocemos que muchos lectores leerán este libro de manera individual. Puede que su gerente o supervisor y sus colegas no conozcan el libro ni el inventario. Si desea ser un catalizador positivo para mejorar el ambiente de su entorno laboral, nuestra primera sugerencia es que le dé una copia del libro a su gerente o supervisor. Aliéntelo a que lo lea y le comente sus impresiones.

Creemos que muchos gerentes verán el valor del **Inventario MMA** y alentarán a todos sus subordinados a hacerlo, y luego encabezarán una breve conversación grupal sobre cómo usar esa información para mejorar la eficacia del diálogo. En nuestra opinión, esta sería la situación ideal.

> *No hay nada que perder* y mucho *que ganar en el intento de guiar a sus compañeros de trabajo para que sean comunicadores más eficaces del aprecio.*

Si su supervisor no está dispuesto a leer el libro o decide no apoyar el concepto de *Motivación Mediante el Aprecio*, en ese caso quizá desee compartir el libro con sus compañeros de trabajo más cercanos y sugerirles que si cada uno de ellos hace el inventario, podrían ser más eficaces a la hora de expresarse aprecio entre sí. Su entusiasmo puede despertar el interés de otros empleados y así, informalmente, puede correr la voz y alentar a otros a participar. No hay nada que perder y mucho que ganar en el intento de guiar a sus compañeros de trabajo para que sean comunicadores más eficaces del aprecio.

CÓMO DESCUBRIR EL LENGUAJE DE SUS
COMPAÑEROS DE TRABAJO

Si usted no encuentra absolutamente ningún interés entre sus compañeros de trabajo, pero igualmente quiere usar el concepto de los lenguajes del aprecio para ser más eficaz en expresar aprecio a las personas con quienes trabaja, le ofrecemos tres maneras informales de descubrir el principal lenguaje del aprecio de sus colegas.

1. Observe su comportamiento.

Si usted oye regularmente que sus compañeros de trabajo ofrecen aliento a otras personas mediante *palabras de afirmación*, entonces es posible que ese sea su principal lenguaje del aprecio. Ellos hacen por los demás lo que les gustaría que otros hagan por ellos. Si ve que suelen dar la mano, tocar el brazo o dar palmadas en la espalda, es muy probable que el *contacto físico* sea la manera en que les gustaría recibir aprecio. Si siempre les hacen regalos a los demás en las ocasiones especiales o aunque no sea ninguna ocasión en particular, entonces es probable que recibir *regalos* sea su lenguaje del aprecio favorito. Si toman la iniciativa para organizar almuerzos o invitar a otras personas a participar de actividades, entonces el *tiempo de calidad* puede ser su lenguaje del aprecio. Si son el tipo de personas que no espera a que alguien les pregunte, sino que cuando ven algo que hay que hacer, se ofrecen y lo hacen, en ese caso, probablemente su lenguaje sean los *actos de servicio.*

Por favor, note que usamos las palabras *posible, probable* y *puede ser.* La razón de nuestro lenguaje tentativo es que nuestra investigación ha indicado que alrededor del 25% de la población, por lo general, habla un lenguaje del aprecio, pero desea que le hablen en otro lenguaje. Por otra parte, para un 75% de nosotros, el lenguaje que hablamos más a menudo es el lenguaje en que deseamos que nos hablen. Expresamos aprecio a los demás en la manera en que nos gustaría que nos aprecien.

2. Observe lo que piden.

Si usted siempre oye que sus compañeros de trabajo piden ayuda con sus proyectos, en ese caso, puede que su lenguaje del aprecio sean los actos de servicio. El compañero de trabajo que dice: "Cuando vayas a la conferencia, ¿me traerías algunas muestras gratis?", está pidiendo regalos. Si sus colegas invitan regularmente a sus amigos a ir de compras, hacer un viaje juntos o ir a cenar a su casa, lo que piden es tiempo de calidad. Si oye que les preguntan a sus compañeros de trabajo: "¿Te parece bien esto? ¿Hice el informe como lo querías? ¿Crees que hice lo correcto?", lo que piden son palabras de afirmación. Nuestros pedidos tienden a indicar cuál es nuestro lenguaje del aprecio.

3. Escuche sus quejas.

Las cosas sobre las que se queja una persona bien pueden revelar cuál es su principal lenguaje del aprecio. Bruno llevaba unos seis meses en su primer trabajo después de la universidad, cuando yo (Gary) le pregunté:

> *Las cosas sobre las que se queja una persona **bien pueden revelar cuál es su principal lenguaje de aprecio**.*

—¿Cómo te van las cosas?

—Bien, supongo. Sin embargo, parece que nadie aprecia realmente lo que hago y que lo que hago nunca es suficiente.

Dado que sabía que él conocía el concepto de los lenguajes del aprecio, le dije:

—Tu principal lenguaje del aprecio son las *palabras de afirmación*, ¿no?

Él asintió con la cabeza mientras decía:

—Sí. Y supongo que por eso no estoy muy feliz con mi trabajo.

La queja de Bruno claramente mostraba cuál era su lenguaje del aprecio.

Si un compañero de trabajo se queja de que sus colegas ya no tienen tiempo para él, su lenguaje del aprecio probablemente sea *tiempo de calidad*. Si se queja de que solo un amigo le dio un regalo de cumpleaños, su lenguaje probablemente sean los *regalos*. Si su queja es que nunca nadie lo ayuda, entonces es probable que su lenguaje del aprecio sean los *actos de servicio*.

Nuestras quejas revelan nuestras heridas emocionales profundas. Lo opuesto de lo que más le duele probablemente sea su lenguaje del aprecio. Si usted recibe aprecio en ese lenguaje, la herida probablemente se sane, y usted se sentirá genuinamente valorado.

Nada de esto es muy difícil que digamos. Sin embargo, se requiere de una mentalidad observadora y un deseo de ser eficaces en expresar aprecio a los demás. Observar su comportamiento, escuchar sus pedidos y prestar atención a sus quejas bien puede mostrarle cuál es el principal lenguaje del aprecio de sus compañeros de trabajo. Dotado de esta información, tendrá mayor eficacia en sus esfuerzos por expresarles aprecio. Cuando las personas perciben el aprecio, se sienten atraídas emocionalmente a quien lo expresa. Es probable que entablen conversaciones significativas con esa persona, lo cual, muchas veces, crea amistades genuinas y duraderas entre los colegas. Como amigos, incluso pueden estar abiertos a conversar sobre el concepto de *Motivación Mediante el Aprecio*, y con el tiempo, su modelo puede inspirar a sus compañeros de trabajo a unírsele en la expresión eficaz del aprecio.

REFLEXIÓN PERSONAL

1. *Si usted sabe cuál es su principal lenguaje del aprecio, ¿cómo lo descubrió? Si no está seguro de cuál es, haga el **Inventario MMA** como se sugiere en este capítulo.*

2. *¿Sabe cuál es el lenguaje del aprecio de sus colegas más cercanos? Si no es así, ¿qué enfoque cree que sería la mejor manera de hacer este descubrimiento?*

3. *Si usted es gerente o supervisor, considere la idea de ofrecer un ejemplar de este libro a los que están a su cargo. Aliéntelos a hacer el inventario y encabece una conversación sobre los lenguajes del aprecio en su departamento.*

4. *Si su gerente o supervisor no tiene ningún interés en el concepto de Motivación Mediante el Aprecio, elija a dos o tres de sus*

colegas más cercanos. Hable del libro con ellos y pregúnteles si estarían dispuestos a hacer el **Inventario MMA**.

5. Si encuentra poco interés entre sus colegas, elija a uno o dos compañeros de trabajo con quienes le gustaría mejorar la relación, y responda las siguientes preguntas:

a. ¿De qué manera expresa él/ella aprecio a los demás con mayor frecuencia?

b. ¿Qué pide más a menudo?

c. ¿De qué se ha quejado más recientemente?

Haga una 'deducción lógica' en cuanto a su principal lenguaje del aprecio y busque la manera de hablar dicho lenguaje.

9

Su posible punto débil

Por naturaleza, todos tendemos a hablar nuestro propio lenguaje del aprecio. Si los *Actos de servicio* me hacen sentir apreciado, entonces me conocerán como una persona que realiza actos de servicio. Me ofreceré para ayudar a mis colegas y estaré siempre dispuesto a recorrer la milla extra. Si el *Tiempo de calidad* me hace sentir apreciado, entonces a menudo entablaré conversaciones con mis colegas y les preguntaré acerca de su bienestar. Si las *Palabras de afirmación* me hacen sentir apreciado, entonces, se puede esperar que ofrezca aliento a las personas con quienes trabajo. Si aprecio los *Regalos,* entonces probablemente sea alguien que haga regalos. Si una palmada en la espalda o un "choca esos cinco" me dan fuerza y me hacen sentir apreciado, probablemente exprese mi aprecio a los demás mediante el *Contacto físico.*

A la inversa, si lo que hago me sale naturalmente, rara vez hablaré el lenguaje del aprecio que menos valoro. Si recibir regalos significa poco para mí en cuanto a sentirme apreciado, entonces probablemente no tendré en cuenta este lenguaje del aprecio.

Para mí se convierte en un punto débil. Doy por sentado que, como tiene poco valor para mí, será de poco valor para los demás. De esta manera, los compañeros de trabajo para quienes su principal lenguaje del aprecio es recibir regalos se sentirán poco apreciados aunque, según entiendo, expreso libremente el aprecio en alguno de los otros lenguajes. A continuación le damos un ejemplo.

"STACY SONRISAS"

Stacy Grant es gerente de departamento en una firma de diseño gráfico en computación. Ella supervisa a los diseñadores que crean páginas en la Internet para los clientes corporativos. La misma Stacy es una diseñadora exitosa y, al mismo tiempo, una grandiosa gerente. Disfruta de coordinar el equipo de diseñadores en la supervisión del proceso de producción.

Stacy es una gerente positiva y alentadora. Y es muy apreciada por ello. Tiene un equipo talentoso, y trabajan bien juntos. El principal lenguaje del aprecio de Stacy son las *Palabras de afirmación*. Le encanta recibir cumplidos en el trabajo, y aunque quizá no lo admita públicamente, le gusta recibir reconocimiento delante de los miembros de su equipo y de su supervisor. Nunca se cansa de oír qué buen trabajo está haciendo.

Por consiguiente, Stacy intenta alentar a los miembros de su equipo de la misma manera. Es sumamente generosa con los elogios y con frecuencia le expresa a su equipo que están haciendo un gran trabajo y ensalza sus capacidades artísticas. Esto es bueno, especialmente para los miembros del equipo que responden al aliento verbal. Su estilo de comunicación crea una atmósfera general positiva.

Sin embargo, el lenguaje del aprecio menos valorado de Stacy son los *Actos de servicio*. Ella no quiere que los demás la ayuden a terminar su trabajo. Prefiere hacerlo sola. De hecho, percibe como una intromisión los ofrecimientos de ayuda de parte de los demás y cree que causan más problemas que otra cosa. El resultado final es que Stacy rara vez (si lo hace) se ofrece a ayudar a otros cuando necesitan ayuda. Esto crea tensión en su departamento, entre las personas para quienes el principal lenguaje del aprecio son los *Actos de servicio*.

Carolina, una de las diseñadoras del departamento de Stacy, es una empleada muy competente. Se ha convertido en una experta en páginas web interactivas para las empresas que quieren vender sus productos en línea. Tiene numerosos clientes de alto perfil. Como la mayoría de los diseñadores gráficos, a veces Carolina se atrasa en los proyectos y tiene que trabajar hasta tarde para cumplir con una entrega.

El principal lenguaje del aprecio de Carolina son los *Actos de servicio*. Realmente valora cuando los demás toman la iniciativa de ayudarla a terminar un proyecto en los momentos en que anda escasa de tiempo. Por lo tanto, se siente muy poco apoyada cuando nadie le ofrece ayuda. Carolina no es irresponsable ni está permanentemente buscando que los demás la rescaten. Sin embargo, cuando está "con el agua hasta el cuello", aprecia genuinamente la ayuda que le ofrecen sus compañeros de trabajo. Cuando se siente estresada por tener que finalizar un proyecto, y Stacy se acerca e intenta alentarla verbalmente, el resultado no es positivo:

—Oye, esto se ve muy bien, Caro —dice Stacy cuando se acerca al escritorio de Carolina y mira el trabajo que está haciendo.

—Gracias —responde Carolina en un tono algo sombrío—. Pero tengo mucho que terminar para mañana a las 9 de la mañana antes de la presentación para el cliente. Va a ser una noche larga. —Mira a su jefa.

—Oh, estoy segura de que lo terminarás —dice Stacy—. Siempre lo haces. Aprecio tu compromiso y perseverancia para hacer lo que haga falta para terminar la tarea. —Le da a Carolina una palmada en el hombro antes de volver a su oficina.

—Muchas gracias —dice Carolina entre dientes—. Una ayudita sería apreciada. Pero no, la señorita Stacy Sonrisas sale corriendo a decirles a todos qué buen trabajo están haciendo. Preferiría ver un poco de acción y oír menos parloteo.

Stacy piensa que hace un trabajo eficiente a la hora de animar y apoyar a Carolina con su aliento verbal. Sin embargo, Carolina se siente poco apoyada por Stacy e incluso resentida ante su "falta de consideración". Esta clásica discrepancia entre los lenguajes del aprecio de dos compañeros de trabajo lleva a problemas de comunicación y tensión en las relaciones.

Si alguna vez durante una conversación saliera el tema de la falta de apoyo que siente Carolina, es probable que Stacy se sintiera confundida y sorprendida.

—¿Qué? ¿Cómo puedes sentir que no aprecio el trabajo que haces? Carolina, siempre te hago muchos elogios sobre tu trabajo. ¡E incluso tomé la iniciativa de elogiarte públicamente en una de nuestras reuniones de equipo delante de la gerencia! No entiendo.

Carolina podría responder:

—Stacy, sé que me dices que trabajo bien y que hago lo necesario para terminar las tareas. Pero tengo que decir que a veces, cuando estoy con dificultades para cumplir con una entrega, desearía tener un poco de ayuda. Las palabras son fantásticas, pero las acciones significarían más.

Y así son las cosas. Stacy toma la iniciativa para expresar aprecio a Carolina, pero no de la manera que sería alentadora para su empleada. Carolina no se siente apoyada y se resiente. Entonces, Stacy puede creer que gasta saliva al intentar alentar a Carolina y desanimarse en cuanto a su eficacia como gerente. Dado que los *Actos de servicio* no significan casi nada para Stacy, a ella le cuesta comprender cómo pueden ser tan importantes para Carolina.

EL AGUJERO NEGRO

En astronomía, un agujero negro es una entidad que absorbe prácticamente todo lo que lo rodea: luz, materia, energía.

Cualquier cosa que entra no sale nunca. Un agujero negro toma y toma, sin devolver.

El lenguaje del aprecio menos valorado de una persona puede parecerse a un "agujero negro" en el contexto laboral. Cuando el lenguaje del aprecio menos importante para un colega son las *Palabras de afirmación*, por muchos elogios que le ofrezca, estos no darán en el blanco. No se sentirá alentado ni apreciado con cumplidos, notas de aprecio ni reconocimiento delante de los miembros del equipo. La afirmación verbal no es importante para esa persona. Usted, básicamente, está desperdiciando la energía. Lo mismo puede decirse de cualquiera de los demás lenguajes: pasar tiempo de calidad con los miembros de su equipo, hacer tareas para ayudarlos, ofrecerles entradas para un torneo de básquetbol.

Le diremos algo que puede ahorrarle mucho tiempo y energía emocional, si usted está dispuesto a aceptarlo: el lenguaje del aprecio menos valioso para una persona *realmente* no es importante para ella. Esto no significa que sea alguien raro. Simplemente es distinto, distinto de usted. El gerente o colega sabio reconocerá y aceptará la diferencia.

Comprender y aceptar las diferencias que existen entre los miembros de su equipo en su manera de sentirse apreciados y alentados es fundamental para su éxito como gerente. Si usted no comprende ni lleva a la práctica esta realidad en su modo de relacionarse con sus colegas, desperdiciará un montón de tiempo y energía en intentar alentarlos de maneras que tendrán poco o ningún efecto en ellos.

Por lo tanto, es posible que comience a resentirse con los miembros del equipo que tienen diferentes lenguajes del aprecio. Puede que comience a sentir que son ingratos, negativos y que no aprecian ni valoran todo lo que usted intenta hacer por ellos. Tal vez, llegue a la conclusión de que no hay nada que los pueda satisfacer o que los haga sentir que usted aprecia su trabajo. Por supuesto que eso no es cierto; por lo tanto, saber cuál es el lenguaje del aprecio que usted menos valora y conocer el hecho de que probablemente este sea su posible punto débil es un paso importante para convertirse en un eficaz comunicador de aprecio. (Por favor, consulte el ensayo: "Por qué el lenguaje del aprecio que menos valora puede ser el que más afecte su carrera" del Conjunto de herramientas del aprecio al final del libro).

CÓMO SUPERAR LA DIFICULTAD DE SU PUNTO DÉBIL

El primer paso para superar su punto débil como gerente o colega es tomar conciencia de cuál es. Si usted hizo el **Inventario MMA** e identificó su lenguaje del aprecio menos preferido, ahora cuenta con esa información. Sin embargo, es probable que realmente no *comprenda* ese lenguaje.

Para mí (Paul) ya sea en las relaciones laborales como en otras relaciones, el lenguaje del aprecio que menos valoro son los *Regalos*. Desde luego, aprecio recibir un vale para almorzar, pero en verdad no significa mucho para mí. Me es indiferente. Por eso me cuesta más ponerme en el lugar de uno de mis colegas y comprender realmente cómo puede darle tanta importancia a las recompensas tangibles. A menudo pienso en cosas como: *La verdad es que se entusiasma por algo que no vale mucho* o *Sencillamente no lo entiendo. Preferiría mil veces algún elogio verbal que un día gratis en un gimnasio.*

Por eso, he tomado la iniciativa de hablar con algunos de mis colegas para los cuales recibir regalos es su principal lenguaje del aprecio. Le pregunté a uno de los miembros de mi equipo laboral:

—¿Por qué es importante para ti que te regalen entradas para un juego de béisbol? ¿Por qué significa tanto para ti?

Su respuesta me ayudó a ver la situación desde su punto de vista.

—En primer lugar —respondió José—, porque me demuestra que el líder de mi equipo se ha tomado el tiempo y se ha interesado en descubrir algo sobre mi persona y sobre lo que me gusta.

Si me hubiera dado entradas para un *ballet*, habría sido una terrible pérdida de tiempo. Jugué al béisbol en la universidad, y todavía me encanta ir a los partidos. En segundo lugar, tomó la iniciativa e hizo el esfuerzo de ir a comprarme las entradas. En realidad, se trata de la inversión que hizo desde el punto de vista del tiempo y la energía, y no del gasto económico. Me demuestra que para él vale la pena hacer lo que haga falta para alentarme o recompensarme, y eso me hace sentir genuinamente apreciado.

> *En realidad, se trata de la inversión que hizo desde el punto de vista del tiempo y la energía, y **no** del gasto económico.*

Una vez que ha identificado el lenguaje del aprecio que menos valora, lo alentamos a que hable con colegas para los que este sea su principal lenguaje. Pregúnteles qué expresan dichas acciones para ellos y de qué manera los alientan. Intente comprender un poco más cómo se sienten afectados por ese lenguaje del aprecio en particular. Así le será más fácil aprender a hablar ese lenguaje con los miembros de su equipo, para quienes es sumamente importante.

DECIDA ACEPTAR LA INFORMACIÓN QUE RECIBE

Es ampliamente sabido que los gerentes exitosos se esfuerzan por comprender el punto de vista de la otra persona; de sus supervisores, clientes, colegas y aquellos a quienes supervisan. Si un gerente es incapaz de ver la perspectiva de otra persona, hará suposiciones equivocadas, que finalmente le harán tomar decisiones equivocadas basándose en la información inexacta que posee.

Por lo tanto, si los resultados del **Inventario MMA** de un empleado indican que el *Tiempo de calidad* es importante para él, el gerente o colega sabio tomará en serio esa información. Quizá usted no comprenda plenamente por qué pasar tiempo individual con él es tan importante, pero lo hace porque decide tomar en serio lo que él dice. Si usted espera hasta comprender plenamente por qué es importante para él, puede que pierda mucho tiempo y varias oportunidades para expresar aprecio... y que, en el proceso, pierda a un miembro del equipo.

> *Si un gerente es incapaz de ver la perspectiva de otra persona, hará suposiciones equivocadas.*

PLANEE HABLAR EL LENGUAJE DE LOS DEMÁS

Aun cuando aceptamos que las perspectivas y los valores de otras personas son diferentes de los nuestros, a menudo es difícil actuar de manera consecuente. Por naturaleza, tendemos a adoptar otra vez nuestro propio punto de vista y preferencias. Por eso, un gerente que valora las *Palabras de afirmación* tendrá la tendencia automática de ofrecer aliento verbal a los miembros de su equipo.

Hemos descubierto que, para ser comunicadores coherentes y eficaces del aprecio a los colegas cuyo principal lenguaje constituye nuestro punto débil, tenemos que hacer planes específicos. Comunicarnos en el lenguaje menos importante para nosotros requiere un mayor esfuerzo; no nos surge naturalmente. Debemos pensar en esto de manera más deliberada y tratar de buscar oportunidades de hablar su lenguaje.

Tener éxito en este aspecto podría exigirle planificar de qué manera mostrar aprecio a los miembros de su equipo que tienen un lenguaje opuesto al suyo. Por ejemplo, cuando el lenguaje menos importante para un supervisor es el *Tiempo de calidad*, no es probable que pase tiempo espontáneamente con sus colegas. Nunca se le ocurriría que eso podría ser significativo. Por eso un miembro del equipo laboral, cuyo principal lenguaje es el *Tiempo de calidad* puede "morirse" si espera recibir aprecio de su supervisor. Un gerente sabio tomará la iniciativa de programar dichos momentos a intervalos regulares con esos miembros del equipo. Básicamente, el gerente piensa: *Sé que el principal lenguaje del aprecio primario de Gabriela es el Tiempo de calidad. También sé*

> ## Lo que programamos, solemos llevarlo a cabo.

que no es tan importante para mí. Por eso, será mejor que incluya en mi agenda una nota para pasar por su escritorio, por lo menos cada quince días, para ver cómo andan sus cosas. Lo que programamos, solemos llevarlo a cabo.

El lenguaje que menos valoramos puede llegar a ser nuestro "punto débil" a la hora de ser eficaces en la comunicación de aprecio a los colegas para quienes ese lenguaje es muy significativo. Comprender esta dinámica y dar pasos para corregir el proceso puede ser fundamental para asegurarnos de que todos los miembros del equipo se sientan valorados por su supervisor y sus compañeros.

REFLEXIÓN PERSONAL

1. *¿Cuál es el lenguaje del aprecio que usted menos valora?*

2. *¿Hay miembros de su equipo laboral o compañeros de trabajo, cuyos resultados del **Inventario MMA** indiquen que el lenguaje del aprecio más valorado para ellos es el lenguaje menos valorado para usted?*

3. *¿Recuerda la última vez que habló ese lenguaje en particular con dicho compañero de trabajo? ¿Estaría dispuesto a tomar un momento para hacer planes específicos de hablar el principal lenguaje del aprecio de ese empleado durante la próxima semana? De ser así, inclúyalo en su agenda.*

4. *Cuando hable el lenguaje principal de otras personas, observe con atención la respuesta de ellas. Creemos que será evidente que sus esfuerzos por expresar aprecio han sido eficaces.*

10

La diferencia entre el reconocimiento y el aprecio

E n los capítulos anteriores, hemos hablado de cómo reconocer a los empleados por una tarea bien hecha o cuando llegan a un hecho importante cronológicamente, como un aniversario de veinticinco años en la empresa. Este tipo de reconocimiento es común en muchas organizaciones. En la mayoría de los casos, es un intento sincero de parte del liderazgo de expresar aprecio por el desempeño y la antigüedad. A primera vista, podría parecer que este tipo de reconocimiento es el hilo central de este libro; pero llegar a esta conclusión sería un error. Creemos que existe una diferencia clara entre el reconocimiento y el aprecio.

El énfasis en el reconocimiento y las recompensas es demasiado **estrecho** *y tiene* **limitaciones** *bien definidas.*

Uno de los libros más populares sobre la importancia del reconocimiento es *Objetivo: zanahoria*, escrito por Gostick y Elton, y publicado en 2004. Su enfoque hace hincapié en el reconocimiento público por los logros basados en el desempeño. La mayoría de sus investigaciones se llevó cabo en empresas de mil empleados o más. Se proponen ayudarlas a idear recompensas (mayormente monetarias) para las personas que demuestran un alto rendimiento.

Aunque aplaudimos el reconocimiento público del trabajo de calidad y la importancia de las recompensas basadas en el desempeño, creemos que el énfasis en el reconocimiento y las recompensas es demasiado estrecho y tiene limitaciones bien definidas. Por desgracia, muchos líderes tienden a equiparar el reconocimiento con el aprecio. En realidad, el modelo de los lenguajes del aprecio se enfoca detalladamente en la manera de alentar a los colegas, y no en el limitado enfoque del reconocimiento y los premios. Entre sus limitaciones podemos mencionar:

Limitación n.° 1: Énfasis en el desempeño

En tanto que el reconocimiento se centra principalmente en el *desempeño* o el logro de ciertas metas, el aprecio se centra en el *valor del empleado como persona*. Desde luego que el nivel de desempeño se considera, pero no es lo único que se tiene en cuenta. En ocasiones, los empleados de alto rendimiento no hacen bien las tareas o cometen un error grave. ¿Dejan de ser valiosos para la organización en ese momento? Además, no todos los empleados tienen un alto rendimiento, pero todos necesitan

*¿No hay lugar para el aprecio incluso **cuando alguien comete un error?***

aprecio y aliento. En tanto que el reconocimiento se centra en lo que la persona hace, el aprecio se centra en quién es la persona.

Esta cuestión la planteó una líder de equipo durante una de nuestras sesiones de entrenamiento. Daniela preguntó: "¿Debemos expresar aprecio solo cuando los miembros del equipo de trabajo rinden bien? ¿No hay lugar para el aprecio incluso cuando alguien comete un error? De otra manera, parece que el aprecio se convierte en algo enteramente basado en el desempeño". Estamos un ciento por ciento de acuerdo con esta perspectiva. Aunque los supervisores quieren apoyar y reforzar los comportamientos positivos demostrados por sus empleados, los trabajadores también necesitan recibir aliento cuando tienen un "día malo". De hecho, podríamos alegar que cuando un empleado reacciona de manera inapropiada ante una situación o cuando comete un error, eso crea una oportunidad para que un supervisor le demuestre aprecio *a pesar de* su desempeño en esa circunstancia en particular. Un comentario como: "Matías, parece que tienes un día difícil. ¿Hay algo que pueda hacer para ayudarte?" puede ser sumamente significativo para ese miembro del equipo, pues le manifiesta que su apoyo va más allá de su desempeño diario.

Los gerentes también necesitan tener en cuenta el contexto de ese comportamiento. Un empleado puede estar atravesando un período extraordinariamente traumático en su vida personal: la enfermedad o muerte de un ser amado, problemas en las relaciones familiares o dificultades con su propia salud física. Todas estas cosas pueden empeorar el desempeño laboral de una persona.

Los cambios dentro de la organización o la empresa también pueden afectar el desempeño del empleado: recortes de personal, aumento en las responsabilidades o la cantidad de horas; todo esto puede ser perjudicial. Las dificultades en la economía global pueden haber exigido que la empresa efectuara ajustes internos en la plantilla. Esto genera estrés e incertidumbre entre los empleados mientras intentan entender cuáles son sus nuevos roles y responsabilidades.

Los gerentes y supervisores que utilizan el aliento y el aprecio pueden abordar estos factores positivamente y ofrecer apoyo, de una manera en que los programas de reconocimiento no pueden hacerlo. En especial durante estos tiempos difíciles, los gerentes necesitan expresar aprecio, aliento y apoyo en forma activa a los miembros de su equipo; no sobre la base del desempeño o los logros, sino desde el fundamento del valor que tienen para ellos como personas.

Es cierto que las recompensas, por lo general, motivan a los que las reciben a continuar con su alto nivel de desempeño. Sin embargo, son menos eficaces para motivar a los que no reciben la recompensa. Por otra parte, cuando se expresa aliento a alguien en su principal lenguaje del aprecio, se tiende a motivar a todos los miembros del equipo de trabajo a que alcancen su potencial. Cuando nos sentimos apreciados, nos sentimos motivados "a llegar más alto". A la inversa, sin el aprecio, muchas veces nos acostumbramos a un desempeño mediocre, a menudo en un nivel mucho más inferior del que somos capaces.

Juanita, asistente administrativa del director ejecutivo de una empresa de servicios financieros, nos dijo lo siguiente: "Mi meta principal es ayudar a Santiago [el director ejecutivo] a ser tan exitoso como pueda, porque cuando él es exitoso, entonces toda la empresa se beneficia. Y cuando él está satisfecho con mi trabajo y me hace saber que aprecia todo lo que hago por él, eso me motiva aun más... Me da una inyección de energía, y estoy preparada para encarar cualquier problema. —Y concluyó con una amplia sonrisa—: Cuando hago lo que se supone que tengo que hacer y él reconoce mis esfuerzos... ¡Tengan cuidado! ¡Ahí voy!".

Limitación n.° 2: Se descuida a la mitad del equipo de trabajo

Las "recompensas" que con mayor frecuencia se ofrecen en los programas de reconocimiento a los empleados normalmente incluyen solo dos de los lenguajes del aprecio: *Palabras de afirmación* y *Regalos*. En esas presentaciones, alguien da un discurso ensalzando lo que logró el empleado y su importancia para la empresa. Después se le entrega una recompensa: un aumento de sueldo, una bonificación, un título nuevo, un regalo de cierto tipo. Si el lenguaje del aprecio del receptor son las *Palabras de afirmación* y los *Regalos*, probablemente se sienta profundamente apreciado. Sin embargo, para el 40% o 50% de los empleados cuyo lenguaje del aprecio es el *Tiempo de calidad* o los *Actos de servicio*, dichas recompensas "no darán en el blanco" a la hora de expresar aprecio sincero.

No solo eso, sino que se hace poco o ningún esfuerzo por identificar el tipo específico de reconocimiento que el empleado que recibe el honor valoraría. Por ejemplo, *sabemos* que a muchas personas no les gusta el reconocimiento y la atención pública.

En todas las organizaciones en las que hemos aplicado el modelo de *Motivación Mediante el Aprecio*, hemos preguntado a los participantes: "¿A cuáles de ustedes *no* les gustaría recibir una mención o reconocimiento por un trabajo bien hecho delante de un grupo grande de sus pares?". No solo sucede que siempre hay varias personas que demuestran su rechazo ante el reconocimiento público, sino que la intensidad de las reacciones es notable. Hemos oído comentarios como: "¡Preferiría que me disparen antes de tener que levantarme en frente de un grupo para recibir una recompensa!". Creemos que es importante escuchar las reacciones y los comentarios de los trabajadores. Para muchas personas, los honores públicos y la entrega pública de un regalo probablemente sean situaciones embarazosas. Pero algunos de los que proponen el reconocimiento desestiman estas inquietudes al decir: "Debe de gustarles, porque sonríen para las fotos". ¡No es así! Los gerentes y supervisores deben comprender y aceptar que *aun cuando a ellos les guste recibir reconocimiento público, eso no significa que todos los miembros de su equipo laboral sentirán lo mismo.*

Limitación n.° 3: Reconocimiento "de arriba hacia abajo"

Demasiado a menudo el reconocimiento de los empleados se implementa mediante un enfoque impersonal "de arriba hacia abajo" de la política corporativa. Los empleados saben que el programa es generado por la cúpula gerencial, en vez de ser personal e individualizado. Aun más problemático es el escepticismo que puede crear este enfoque a la hora de evaluar si el aprecio que se expresa es genuino. Creemos que este es un error grave que cometen líderes bien intencionados de la organización: abordar el reconocimiento o aprecio de los empleados en función de una directiva gerencial: "Esto es algo que todos vamos a hacer".

*La percepción de **falta de** sinceridad en el aprecio **es** **fatal** para una organización.*

El problema es que los empleados muchas veces se preguntan: "¿Mi gerente hace o dice esto porque lo siente, o porque se supone que tiene que seguir el programa de reconocimiento de la empresa?". La percepción de falta de sinceridad en el aprecio es fatal para una organización y socava la confianza en la comunicación en múltiples niveles.

Recibimos bastante repudio por parte de los miembros del equipo laboral respecto de esta cuestión. Ramiro, miembro del personal de una organización juvenil sin fines de lucro, dijo lo siguiente: "No quiero que mi supervisora pase tiempo conmigo solo porque se supone que tiene que hacerlo, dado que este es mi principal lenguaje de motivación. Si no quiere pasar tiempo conmigo, está bien. Pero no quiero que finja. Eso es peor".

Por ende, cuando se implementan programas de reconocimiento, los líderes de la organización serían más eficaces si permitieran que los miembros del equipo laboral eligieran libremente si les gustaría participar. Hemos descubierto que muchos de los que al principio se muestran renuentes comienzan a interesarse en el proceso después de haber hecho el **Inventario MMA** por sí mismos. No nos oponemos a los programas de reconocimiento y recompensas. Sin embargo, creemos que el énfasis en el aprecio y el aliento ofrece un potencial mucho mayor de mejorar el ambiente emocional del lugar de trabajo y aumentar el nivel de productividad de los empleados.

Limitación n.° 4: Costos financieros significativos

Por último, una desventaja adicional del enfoque del reconocimiento y las recompensas es el costo que implica. En el ambiente financiero de hoy día, muchas organizaciones, especialmente las organizaciones sin fines de lucro, las escuelas, los ministerios y los organismos de servicio social no tienen fondos disponibles para pagar bonificaciones o grandes aumentos, u otros regalos que normalmente vienen incluidos en el enfoque del reconocimiento y las recompensas. Y muchas veces la práctica de dar recompensas económicas significativas por metas alcanzadas no "encaja bien" dentro del contexto global de la misión y los valores de la organización.

Por otra parte, los conceptos que expresamos en el modelo de *Motivación Mediante el Aprecio* pueden aplicarse a cualquier ambiente financiero, en una organización de cualquier tamaño, cualquier organismo gubernamental, sistema escolar, emprendimiento comercial u organización sin fines de lucro y de servicio social. El enfoque de *MMA* que hemos esbozado no exige esperar que los más altos ejecutivos aprueben y comiencen a facilitarlo. El programa puede comenzar a implementarse en cualquier nivel de la organización por parte de gerentes, supervisores o incluso un solo empleado que tiene el deseo de crear un ambiente más positivo en el entorno laboral.

David es un ejemplo de este hecho. Era un supervisor de mandos medios dentro de su organización; tenía un equipo de cinco colegas a quienes supervisaba, pero también pertenecía a un equipo de supervisores que se reportaban a gerentes de mayor nivel, incluido el presidente de la empresa. David sabía del trabajo que estábamos desarrollando en este proyecto y preguntó si podía pedirle a su equipo que hiciera el **Inventario MMA**. Después de hacerlo, nos reunimos con David y su equipo y evaluamos los resultados. A medida que trabajábamos para implementar el modelo del aprecio en sus relaciones, él les contó a sus compañeros supervisores lo que estaba haciendo, y ellos se interesaron. En las siguientes semanas, siguieron escuchando las historias de David sobre el proyecto y el efecto positivo que tenía sobre la relación con sus compañeros de equipo. Después de un tiempo, el presidente se acercó a David y le dijo: "Creo que sería bueno que el equipo de líderes llevara a cabo este proceso. ¿Cómo podemos ponerlo en práctica?". Y así lo hicieron.

Hemos visto que la aplicación sistemática de aprecio y aliento individualizado en un entorno laboral transforma las relaciones y actitudes. Y creemos que poner en práctica los principios que expresamos en este libro puede fortalecer el ambiente emocional de cualquier contexto de trabajo.

REFLEXIÓN PERSONAL

1. *¿Tiene su empresa un programa de reconocimiento para empleados que tengan un desempeño excepcional o que hayan permanecido en su puesto durante cierta cantidad de años?*

2. *¿Alguna vez ha recibido reconocimiento y recompensas de este tipo por parte de su organización? ¿Cómo se sintió en ese momento?*

3. *Describa la diferencia entre el reconocimiento y el aprecio desde su punto de vista.*

4. *Si tuviera que elegir entre recibir reconocimiento o recibir aprecio, ¿qué elegiría? ¿Por qué?*

5. *¿Alguna vez ha recibido expresiones de aprecio por parte de un supervisor o un colega cuando usted atravesaba un momento difícil en su vida personal? ¿Qué le dijeron o hicieron, y cómo le hizo sentir?*

6. *¿Ha expresado aprecio a un compañero que atravesaba un momento difícil? ¿Qué hizo o dijo? ¿Cómo le respondió?*

7. *Si pudiera hacer una sugerencia sobre cómo mejorar el clima laboral en su organización, ¿qué sugeriría? ¿Es factible que usted plantee esa sugerencia a una persona de su organización que tenga la capacidad para llevarla a la práctica?*

11

La Motivación Mediante el Aprecio en diversos sectores industriales

A medida que hemos desarrollado el modelo de *Motivación Mediante el Aprecio*, hemos llevado a cabo proyectos piloto con numerosas organizaciones y hemos visto cuán eficaz puede ser el modelo en diversos contextos. Examinemos algunos de ellos con mayor detalle.

ORGANIZACIONES SIN FINES DE LUCRO

Muchas organizaciones sin fines de lucro brindan servicios directos (Cruz Roja, Hábitat para la Humanidad, Fundación para la Investigación de la Diabetes Juvenil, Ejército de Salvación, etc.). Otras sirven dentro de sus comunidades locales; por ejemplo, las organizaciones que apoyan las artes. Esas organizaciones enfrentan el reto de hacer saber de su existencia y misión a la comunidad, y tienen una necesidad continua de recaudar fondos. Por ello, los miembros del personal dentro de estos grupos necesitan aliento y aprecio constante.

Esto puede constituir un reto. Si bien aquellos que trabajan para organizaciones sin fines de lucro a menudo tienen un sentido de llamado y están motivados por un deseo sincero de servir a los demás, de todos modos necesitan sentirse apreciados. Los miembros del personal de estas organizaciones a veces ganan una suma considerablemente menor de la que ganarían en el sector comercial. Las organizaciones sin fines de lucro no son conocidas por pagar enormes salarios. En estos contextos laborales, la necesidad de aprecio es fundamental a la hora de mantener el entusiasmo del personal.

Muchas organizaciones sin fines de lucro cuentan con fondos insuficientes (especialmente en los últimos años), y las exigencias planteadas al personal son significativas, y a menudo abrumadoras. Hemos trabajado con diversas organizaciones sin fines de lucro de servicio social: instalaciones residenciales de tratamiento para varones adolescentes con graves problemas de conducta, una clínica comunitaria de consejería para familias de bajos ingresos, un programa de tutoría para niños sin padre de barrios pobres y diversas entidades religiosas. Todas estas organizaciones hacen un buen trabajo en cuanto a ofrecer servicios valiosos y necesarios para su clientela. Sin embargo, suelen ser lugares donde es difícil trabajar; hay altas exigencias, escasos recursos y no mucho reconocimiento externo por parte de la comunidad. Como resultado de esto, el índice de desgaste profesional del personal (y de los voluntarios) es alto. El modelo de *Motivación Mediante el Aprecio* funciona sumamente bien en estos contextos de organizaciones sin fines de lucro.

SERVICIOS FINANCIEROS

Algunos pueden pensar que los que trabajan en el sector de servicios financieros (empresas de seguros, servicios de asesoría para inversiones y bancos) no necesitan el modelo de *Motivación Mediante el Aprecio*. Creen que las personas que trabajan en este ámbito encuentran motivación principalmente en las recompensas económicas. Si bien esto puede ser cierto para los asesores profesionales en sí, los miembros de su equipo de apoyo necesitan aliento sistemático a medida que trabajan en un entorno laboral exigente y con frecuencia de mucha presión.

Hemos entrevistado a los mayores productores de uno de los grupos de seguros de vida nacionales. Una de las inquietudes que más plantearon es: "¿Cómo retenemos al personal? Se frustran con nosotros y se van después de doce o dieciocho meses. El índice de rotación de empleados es enorme". Al reunirnos con el personal administrativo (por separado de los profesionales financieros), hemos descubierto que los gerentes, asistentes, técnicos administrativos y recepcionistas a menudo están hambrientos de recibir aprecio por parte de sus superiores.

Una firma financiera con la que trabajamos se compone de profesionales financieros y consultores empresariales de alto nivel, que brindan servicios a familias empresariales sumamente adineradas. Se han rodeado de empleados de alta calidad, con iniciativa, leales y muy competentes en sus propios ámbitos de especialización. Sin embargo, aunque son exitosos en cuanto a lo económico, todos los miembros de la firma reconocieron su necesidad de aprecio y aliento recíproco para "seguir adelante" y sentirse satisfechos en su trabajo. Como resultado, todo el personal hizo el **Inventario MMA** y usó los resultados para alentarse entre sí. También han incorporado una lista de acciones especificas a sus evaluaciones de desempeño bianuales. Creemos que todas las organizaciones de servicios financieros encontrarán mucha utilidad en el modelo *MMA*.

EMPRESAS FAMILIARES

Como ya hemos mencionado, más del 85% de todas las empresas en los Estados Unidos son empresas familiares. El 35% de las empresas de la lista de las 500 mejores empresas, según la revista *Fortune*, son empresas familiares. De hecho, estas empresas tienen el 60% de todos los empleados del país.

Las empresas familiares incluyen diversos ámbitos: empresas de construcción (residencial, comercial y de carreteras), tintorerías, restaurantes, concesionarias de automóviles, fábricas, lavaderos de automóviles, empresas de administración de bienes raíces, contratistas de calefacción y aire acondicionado, bancos; la lista es prácticamente interminable. Además, las empresas familiares abarcan, en tamaño, desde unos pocos empleados a decenas de miles a nivel global.

Una cosa que las empresas familiares tienen en común es el hecho de que las relaciones en el entorno laboral son complejas.

Una cosa que las empresas familiares tienen en común es el hecho de que las relaciones en el entorno laboral son complejas. A menudo esto implica que los miembros de la familia de diferentes generaciones trabajen en forma conjunta. Sus perspectivas sobre cómo administrar el negocio a veces entran en conflicto. Por otra parte, están las relaciones entre los empleados, que no son de la familia, y los dueños o miembros de la familia que trabajan en la empresa. En este laberinto complicado de relaciones, la capacidad de expresar aprecio por la tarea realizada y aliento por la perseverancia en llevar a cabo las tareas difíciles es fundamental para que la empresa sea exitosa.

Para sorpresa de quienes no trabajan, generalmente, con empresas familiares, los miembros de la familia suelen ser los que *menos* apreciados se sienten de todos los empleados. Esto parece ser una experiencia común, tal vez, porque los demás los ven como parte de los propietarios de la empresa y sacan la conclusión de que no necesitan recibir aliento.

Una mujer que era miembro de la familia propietaria nos confió: "Nadie entiende la presión que siento. Haga lo que haga, no es lo suficientemente bueno para mi papá. Los empleados que no son de la familia creen que me va bien económicamente. En realidad, gano menos dinero que la mayoría de los demás gerentes y no recibo ningún dividendo de la empresa. Si pudiera irme, lo haría, pero eso destruiría mi relación con la familia y no quiero que eso pase". Esta mujer necesitaba saber que era valorada por los demás empleados de la empresa, incluso sus padres.

También tenemos la experiencia de que los empresarios están entre los grupos más solitarios del personal. Debido a su posición y su personalidad emprendedora, rara vez reciben muchas expresiones de aprecio por parte de sus empleados. Muchos de ellos han llegado a la conclusión de que "así son las cosas" y ya no esperan recibir aprecio de sus empleados. Así que, si usted es empleado, aunque parezca que a su jefe le está yendo bien, le recomendamos encarecidamente que se tome el tiempo y haga el esfuerzo de expresar gratitud por todo lo que su jefe hace por la empresa. Quizá, también pueda alentarlo a hacer el **Inventario MMA** y considerar la idea de ponerlo a disposición de todos los empleados.

> *También tenemos la experiencia de que los **empresarios están entre los grupos más solitarios** del personal.*

ESCUELAS Y UNIVERSIDADES

Las escuelas e instituciones académicas de todos los niveles educativos experimentan presiones tremendas. De hecho, creemos que están entre los entornos laborales más difíciles de la sociedad moderna. Los maestros y profesionales de la educación enfrentan exigencias de todos lados: satisfacer los estándares de evaluación a nivel nacional y regional, manejar estudiantes que tienen dificultades de aprendizaje y problemas de conducta, resolver retos cotidianos en el aula y retos académicos. A esto se suma un sinfín de otras cuestiones con las que deben lidiar: padres estresados, conflictos relacionados con divorcios, drogadicción (tanto por parte de los estudiantes como de sus padres) y condiciones caóticas en el hogar. Este panorama es un caldo de cultivo para el desgaste y el desaliento.

Si combinamos estos factores con la disminución de fondos disponibles para los recursos, el deterioro de las instalaciones físicas y el congelamiento de salarios para todo el personal, el resultado es un entorno laboral en el que los empleados deben lidiar con altas exigencias y pocas recompensas tangibles. Este es el tipo de contexto en el cual la continua manifestación de aprecio es de suma importancia para evitar que el personal, los maestros y los profesores caigan en la desesperanza y el desánimo.

> *"No puedo darles un aumento, pero **puedo hacer cosas para ayudarles a sentir que** lo que hacen **es importante"**.*

El director de una escuela primaria afirmó: "Es fundamental que sepa cómo alentar específicamente a mis maestros de manera práctica. No puedo darles un aumento, pero puedo hacer cosas para ayudarles a sentir que lo que hacen es importante y que se nota".

Cuando supo sobre el **Inventario MMA**, el administrador de una escuela intermedia ubicada en un barrio pobre se entusiasmó, porque coincidía con un programa que estaba implementando su distrito. El programa estaba diseñado para ofrecer entrenamiento, recursos y apoyo para alentar al personal, pero en realidad no tenían una herramienta práctica para llevarlo a cabo. Después de utilizar por primera vez el inventario con su equipo administrativo, pidió a sus principales maestros que hicieran el cuestionario y usaran los resultados en las reuniones semanales del personal. Aunque no todo el equipo administrativo y los maestros se entusiasmaron al principio, sí descubrimos algunos datos interesantes con el correr de las semanas. Los que inicialmente fueron receptivos, asimilaron con rapidez el modelo de *Motivación Mediante el Aprecio* y lo integraron a su comunicación con los miembros del equipo laboral. Se convirtieron en partidarios entusiastas del proceso y alentaron a los demás a adoptarlo también. Los miembros del equipo laboral que eran escépticos, pero estaban dispuestos a ver cómo funcionaba el modelo se entusiasmaron con el correr del tiempo, al darse cuenta de que el modelo no tenía que ver con la manipulación, sino simplemente con la comunicación de aprecio auténtico.

Los contextos de educación superior también son propicios para un gerenciamiento enfocado en el aprecio. Para los que no han trabajado en contextos de institutos terciarios o universidades, es importante saber que son burocracias masivas en las que regularmente se dan batallas territoriales. También existen jerarquías muy claras (estudiantes graduados, ayudantes de cátedra, profesores con doctorados en Filosofía, profesores titulares de cátedra, presidentes del departamento, decanos de la universidad); y la cultura de la organización suele ser muy competitiva. En consecuencia, las relaciones interpersonales no son muy "cálidas", y la comunicación positiva que brinde apoyo entre colegas puede ser una rareza. Los administradores que expresen gratitud y aprecio al personal se convertirán rápidamente en supervisores eficaces.

Esto lo vi durante mis estudios (de Paul) en el programa de doctorado de la Universidad del Estado de Georgia en Atlanta. El presidente de mi departamento, Richard "Pete" Smith, era un profesional muy competente. También era cálido y amable con los que trabajaban para él en el departamento. No permitía que sus altos estándares de competencia profesional interfirieran con su actitud de tratar a los demás con respeto y agradecimiento; y dentro de la universidad había una lista de espera de empleados que deseaban trabajar para él. En todos los niveles de la educación, expresar aprecio significativo produce buenos resultados.

CONSULTORIOS MÉDICOS/ODONTOLÓGICOS

Hemos descubierto que las prácticas profesionales relacionadas con la medicina son muy receptivas al modelo de *Motivación*

Mediante el Aprecio. Los consultorios odontológicos y de orto-doncia, las clínicas de fisioterapia ambulatoria, las prácticas de optometría y una amplia variedad de empresas que brindan ser-vicios médicos nos informan de sus éxitos cuando siguen el pro-grama de *MMA*, o bien nos dicen: "¡Necesitamos esto!".

Llevamos a cabo un proyecto piloto con un centro de fisio-terapia ambulatoria. Incluimos a todos los fisioterapeutas, asis-tentes de fisioterapia, internos y personal administrativo. Antes del proyecto, entregamos un cuestionario previo anónimo a cada participante. Les hicimos seis preguntas, como: "¿Cuán aprecia-do se siente usted en su puesto actual por parte de su supervi-sor?" y "¿Cuán apreciados por usted se sienten sus compañeros y su supervisor por el trabajo que realizan?".

Después de tener una sesión de presentación, hacer el **Inven-tario MMA** y recibir los resultados, hicimos el mismo conjun-to de preguntas en un cuestionario posterior. Descubrimos que las calificaciones del grupo eran más altas en las seis preguntas del segundo cuestionario. Esto sencillamente fue el resultado de recibir el inventario impreso, sin haber comentado cómo imple-mentar los hallazgos.

Luego asistimos al personal para crear un plan de acción que les permitiera expresarse mutuamente el aprecio de manera más sistemática. Después de cuatro semanas, nos reunimos para ver cómo iban las cosas. Hicimos que completaran otra escala de evaluación y com-pararan esos resultados (posteriores a la implementación) con las calificaciones anteriores (antes del primer cuestionario y después del inventario). Las calificacio-nes del grupo mejoraron otra vez en todas las preguntas.

> *Otro terapeuta dijo:* "*Parece que el aprecio ahora es **parte de quienes somos**".*

Los comentarios verbales que recibi-mos también fueron alentadores. Un supervisor de fisioterapia afirmó: "Esta ha sido una experiencia muy beneficiosa para nosotros. Aunque ya trabajábamos en un lugar positivo y nos decíamos 'gracias' muchas veces, atravesar este proceso reforzó y mejoró lo que ya estábamos haciendo". Otro terapeuta dijo: "Parece que el aprecio ahora es parte de quienes somos. Todos hemos comenzado a mostrar aprecio con mayor frecuencia y regularidad. En cierta manera, se ha convertido en nuestra cultura". Es nuestro deseo que muchos contextos médicos/odontológicos descubran el valor de la *Motivación Mediante el Aprecio*.

MINISTERIOS/IGLESIAS

Los empleados de iglesias y otros ministerios suelen tener una relación especial con su vocación. Además de encontrar en su trabajo una fuente de ingresos, también trabajan con un sentido de llamado espiritual y un deseo de servir a los demás. En muchos contextos ministeriales, se espera que los empleados den de sí mismos de manera sacrificada, lo que casi siempre incluye un salario menor de lo que recibirían por tareas similares en un contexto diferente.

Las investigaciones han mostrado que los pastores tienen un alto nivel de desgaste cuando no se sienten apreciados por las personas a quienes sirven. Nuestras observaciones personales confirman este descubrimiento. Los pastores (incluidos los pastores asociados, ministros infantiles y juveniles, líderes de ministerios femeninos y líderes de alabanza) se sienten frecuentemente criticados, e informan que las afirmaciones de aliento son demasiado escasas.

En nuestro trabajo con el personal de las iglesias y personas que trabajan para otros ministerios no eclesiásticos, constantemente encontramos una profunda necesidad de aprecio. Esas personas no buscan recompensas financieras y rara vez desean grandes cantidades de elogios. Pero, sinceramente, expresan la necesidad de ser apreciados por el tiempo y esfuerzo que invierten. Cuando no reciben aprecio, a menudo se desaniman.

Hemos observado que dentro de estas organizaciones, suele haber "alentadores", personas que asumen la responsabilidad de intentar alentar al personal y a los voluntarios. Ellos son muy valorados por los demás miembros de la organización. Sin embargo, la tarea es demasiado cuantiosa para que la lleven a cabo con éxito unas pocas personas al azar. A menudo, con buenas intenciones, alientan a los demás de la manera en que ellos mismos reciben aliento. De este modo, muchas veces "no dan en el blanco", y sus esfuerzos por alentar no son tan exitosos como quisieran. Implementar el modelo de *Motivación Mediante el Aprecio* en contextos relacionados con la iglesia y el ministerio ofrece una herramienta práctica para hacer algo desesperadamente necesario: expresar aprecio con eficacia.

FÁBRICAS

Nos dijeron que el modelo de *Motivación Mediante el Aprecio* no funcionaría en el sector industrial. "Esta cuestión del aprecio es demasiado 'sentimentalista'", dijo un consultor empresarial. Otro empresario dijo: "A los supervisores y operarios de fábrica no les importan los sentimientos. Lo único que quieren es hacer el trabajo y recibir su cheque".

Sin embargo, descubrimos que hay propietarios de fábricas que comprenden la necesidad de mostrar aprecio a los miembros de su equipo laboral, y que están buscando activamente un modelo que funcione dentro de su empresa. Cuando los propietarios comprenden los beneficios potenciales (repase en el capítulo 2, cuánto rinde invertir en el aprecio y el aliento) y encuentran un modelo práctico que se puede aplicar a su situación, se convierten en líderes visionarios y ponen en práctica las ideas en su compañía.

En una de estas empresas —una pequeña firma que fabrica y arma piezas eléctricas—, nos pidieron que capacitáramos a su equipo de líderes en el proceso de *Motivación Mediante el*

Aprecio. Después de reunirnos por primera vez, presentar brevemente el modelo *MMA* y mostrar la importancia del aprecio en el lugar de trabajo, el presidente, los vicepresidentes y los directores de distintos departamentos hicieron el **Inventario MMA**. Hicimos un gráfico de los resultados del inventario del equipo de líderes para que pudieran ver cuál era el principal lenguaje del aprecio, el secundario y el menos importante de cada uno. Después, cada líder armó un plan de acción sobre cómo pensaba expresar aprecio y aliento a los demás, y comenzó por identificar a uno o dos miembros del equipo en los que se concentraría. Algunas semanas después, tuvimos una reunión de seguimiento para dar parte de los potenciales resultados positivos que veían, además de comentar los retos que encontraban en sus intentos por implementar el proceso de expresar aprecio.

Fue fascinante observar y oír el entusiasmo y las risas en la sala cuando los miembros del equipo de liderazgo comentaron sus experiencias. Un director afirmó: "Saben, mi experiencia durante estos años ha sido que cuando expresamos aprecio a nuestro equipo de trabajo, se produce un sentido de lealtad. Las personas están dispuestas a hacer casi cualquier cosa por usted, porque saben que usted los valora como personas. Creo que los buenos gerentes comprenden esto. Pero este modelo y el inventario me dieron la información específica que necesito saber sobre *cómo* alentar a los miembros de mi personal y qué es significativo para ellos. Ahora no tengo que adivinar y preguntarme si habré dado en el blanco. ¡Esto es poderoso!".

"La mejor manera de ayudarme y alentarme es haciendo lo que se supone que deben hacer".

También analizamos la potencial discrepancia entre el lenguaje del aprecio menos significativo para el presidente (*Palabras de afirmación*) y el principal lenguaje de dos de sus líderes más importantes, que también eran las *Palabras de afirmación*. El presidente dijo: "Mi lenguaje principal son los *Actos de servicio*. Y para serles totalmente sincero, lo que eso significa para mí es 'háganlo'. La mejor manera de ayudarme y alentarme es haciendo lo que se supone que deben hacer. Esto es lo que alivia mi carga. Pero, dado que no valoro mucho el elogio verbal, me doy cuenta de que debo desarrollar ese aspecto para poder expresar mejor mi aprecio por ustedes". En ese momento, uno de sus supervisados dijo en un tono de broma: "¿Tú crees?". La sala estalló en risas, incluido el presidente. El equipo de liderazgo estaba aprendiendo que expresar aprecio no solo puede ser motivador, sino también divertido.

OTRAS POSIBLES UTILIZACIONES

Acabamos de empezar a ver cómo se puede utilizar el modelo del aprecio en diversos contextos laborales. Las **fuerzas policiales** también necesitan de aliento y aprecio dentro de sus círculos de liderazgo. En su artículo que apareció en *Law and Order* [El orden público], Robert Johnson alega que la capacidad de establecer un vínculo con las personas distingue a los líderes eficaces de los simples administradores. Él afirma: "Aunque las recompensas son agradables, los oficiales necesitan la expresión emocionalmente sincera de la aprobación profunda y el aprecio por una tarea bien hecha... A veces cuando toman una decisión cuestionable y se castigan a sí mismos por ello, necesitan aliento, no juicio".[1]

Sabemos que existe un interés activo en los **organismos de gobierno**. Estos son entornos laborales en los que hay poco lugar para los incentivos financieros o las promociones basadas en el desempeño. Como consumidores de servicios proporcionados por esos organismos, a menudo vemos el desaliento y la apatía que demuestran los empleados públicos. Creemos con firmeza que este es un ámbito en el cual el modelo *MMA* puede mejorar significativamente el entorno laboral y la experiencia cotidiana de estas personas.

También se han efectuado investigaciones en la **administración de hoteles** y **restaurantes**, donde también se puede ver la necesidad del modelo *MMA*. Más de tres décadas de investigaciones han demostrado que el estilo de liderazgo de los gerentes y su comportamiento constituyen más del 70% de las percepciones de los empleados respecto al ambiente de trabajo. De hecho, se descubrió que los sentimientos de los empleados en cuanto a la gerencia son el factor principal que mejora la percepción de estos sobre el clima de la empresa. Los gerentes exitosos fomentan y mejoran la comunicación personal con sus empleados; muestran interés y respeto por sus ellos mediante la expresión del aprecio y la gratitud, y alientan y facilitan el trabajo en equipo.[2]

Los **contadores** se están dando cuenta de la necesidad dentro de su profesión de encarar el aspecto relacional en su contexto laboral. De hecho, el Colegio de Contadores Públicos estadounidense ha confirmado que las destrezas de inteligencia emocional son fundamentales para el éxito en esta profesión. Como parte del modelo de entrenamiento para esas destrezas, el modelo que presenta el Colegio de Contadores para las empresas de contabilidad incluye la exhortación a "animar a las personas a construir una red de apoyo y aliento".[3]

Como comentamos en el capítulo 2, un repaso de las investigaciones muestra que se está investigando el rol del aprecio y el aliento en casi todos los contextos laborales, desde médicos y abogados hasta maestros y cuidadores de niños; desde pastores y consejeros hasta conductores de autobuses y obreros de la construcción; ¡incluso hasta los árbitros de béisbol y básquetbol!

> *La necesidad de aprecio y aliento no se limita a los Estados Unidos o a países de habla inglesa.*

La necesidad de aprecio y aliento no se limita a los Estados Unidos o a países de habla inglesa. Hemos traducido el **Inventario MMA** al chino, español y vietnamita, y pensamos proseguir con otros idiomas también (turco, alemán, francés).[4] Ya hemos comenzado a utilizar el modelo de *Motivación Mediante el Aprecio* en diversos contextos internacionales de trabajo, y hemos visto que los gerentes y supervisores esperan con ansias que estén disponibles estos recursos. Nos entusiasman las oportunidades que esto nos da de ayudar a gerentes, supervisores y compañeros de trabajo a crear un clima laboral más positivo en todo el mundo.

REFLEXIÓN PERSONAL

1. *De la siguiente lista, marque la opción que mejor identifica el tipo de organización o empresa en la que usted trabaja.*

- *Organización sin fines de lucro*
- *Servicios financieros*
- *Empresa familiar*
- *Escuela*
- *Instituto terciario o universitario*
- *Consultorio médico/odontológico*
- *Empresa de servicios*
- *Iglesia*
- *Empresa grande*

- *Hospital/clínica*
- *Fábrica*
- *Fuerzas policiales*
- *Organismo de gobierno*
- *Hotel*
- *Restaurante*
- *Comercio minorista*
- *Compañía de seguros*
- *Artes/Medios de comunicación*

2. *En su trabajo, ¿cuál es el reto de mayor dificultad para usted?*

3. *¿Qué parte de su trabajo le brinda el más profundo sentido de satisfacción?*

4. *Si le cuesta mantener la motivación en su trabajo, ¿qué es lo que hace que usted se desanime más?*

5. *¿De qué manera cree que comprender los lenguajes del aprecio podría mejorar su entorno laboral?*

12

Las características especiales dentro del contexto del voluntariado

El voluntariado ha sido descrito como una actividad en la que se brinda tiempo de manera gratuita para el beneficio de otra persona, grupo u organización.[1] Más del 50% de la población adulta de los Estados Unidos asegura que participa en alguna tarea de voluntariado durante el año. Esto indica que decenas de millones de individuos dedican parte de su tiempo a servir a otros de alguna manera. Se trata de una gran fuerza de trabajo para administrar, como comprenderá cualquiera que haya estado a cargo de voluntarios.

Los voluntarios incluyen familias, estudiantes, adolescentes, adultos jóvenes, parejas, adultos de mediana edad y de edad avanzada. Muchos estudiantes en edad escolar empiezan sus actividades de voluntariado como parte de sus tareas escolares o en organizaciones donde se realizan actividades extracurriculares, como niños y niñas exploradores y grupos de jóvenes de la iglesia. Sin embargo, muchos jóvenes universitarios y adultos jóvenes recortan sus tareas de voluntariado por un tiempo, al parecer, mientras se dedican a su desarrollo profesional y a tratar de formar relaciones significativas.

En algún momento, el 20% de las mujeres adultas afirma ser voluntaria. Curiosamente, las mujeres indican que comenzaron a hacer actividades de voluntariado para mejorar las relaciones que tenían con los demás, mientras que los hombres dicen que las comenzaron para desarrollar nuevas relaciones. Muchos adultos se vuelcan a actividades de voluntariado con el propósito explícito de establecer redes y relaciones comerciales. Eso puede ocurrir mediante organizaciones cívicas como el Rotary Club Internacional, la Cámara de Comercio local u otras organizaciones sin fines de lucro.

Si bien existe la creencia popular de que los adultos de edad avanzada, que se retiraron y no tienen un trabajo de tiempo completo, constituyen una gran parte de la plantilla de los voluntarios, los investigadores han descubierto que el número de personas que comienzan a realizar tareas de voluntariado después de retirarse no aumenta de manera significativa. Sin embargo, quienes han sido voluntarios en su vida adulta empiezan a dedicar más tiempo al voluntariado después de jubilarse.

LUGARES DONDE SIRVEN LOS VOLUNTARIOS

En los Estados Unidos y alrededor del mundo, cientos de miles de organizaciones utilizan los servicios de voluntarios cada semana. La amplitud y el alcance del efecto parecen casi incalculables. Piense por un momento en sus actividades semanales y el número de organizaciones con las que interactúa en su vida cotidiana. Muchas de estas organizaciones cuentan con voluntarios como parte de su fuerza laboral. Entre las organizaciones que dependen de la ayuda de voluntarios, se incluyen escuelas (públicas y privadas), hospitales, bibliotecas, equipos deportivos, oficinas de turismo, aeropuertos, museos históricos, zoológicos, refugios de animales, clubes de niños, festivales comunitarios, museos de arte, iglesias y otros centros religiosos, comunidades de jubilados, campamentos, organizaciones de música, organizaciones de servicios comunitarios, organismos de servicios sociales y organizaciones relacionadas con el medio ambiente.

Los voluntarios comparten su tiempo y sus talentos. Ser voluntario, tal vez, comprenda pasar tiempo con otros: por ejemplo, actuar como hermano o hermana mayor en un programa social o jugar con los residentes de un complejo habitacional para jubilados. Pero también puede implicar la utilización de determinadas habilidades, como destrezas administrativas, talento musical o artístico y otras aptitudes profesionales especializadas (diseño gráfico, carpintería, comercialización). Muchas veces se pide a los voluntarios que realicen trabajos de fuerza física para contribuir a bajar el costo de un proyecto.

Algunos voluntarios asumen compromisos regulares: encargarse de un refugio para perros abandonados durante la noche, dar clases de religión a niños o trabajar de recepcionista para una organización sin fines de lucro. Otros voluntarios ofrecen su tiempo y servicio para actividades más esporádicas. Por ejemplo, tal vez, se ofrezcan a colaborar en un festival anual de la comunidad, llevar a estudiantes con su automóvil a concursos de debates o ayudar a construir una casa a beneficio de Hábitat para la Humanidad. Otras personas tienen la costumbre de colaborar con una de sus organizaciones preferidas y sirven en una de sus actividades anuales para recaudar fondos o en una celebración de la organización.

Comprender quiénes son estos voluntarios, qué hacen los voluntarios y con qué frecuencia sirven es información útil para los que buscan reclutar o dirigir a voluntarios. Una vez que se los recluta, estos pueden tener una gran variedad de expectativas sobre lo que están dispuestos a hacer y cuándo, y con cuánta frecuencia desean servir. Eso implica un reto a la hora de mantener interesados y alentados a los voluntarios.

EL DILEMA DE RECURRIR A LOS VOLUNTARIOS

Las organizaciones que utilizan los servicios de los voluntarios tienen un dilema inherente. Por un lado, los voluntarios son un recurso valioso. Ofrecen servicios "gratuitos" (en realidad, por el costo de entrenarlos y supervisarlos). Por lo tanto, las organizaciones pueden aprovechar a los voluntarios para que realicen mucho trabajo que de otro modo no podrían pagar. Por otra parte, los voluntarios, por lo general, no son tan confiables como los empleados que son remunerados. Debido a que la relación laboral entre un voluntario y una organización es por naturaleza informal, la seriedad de los voluntarios a veces deja bastante que desear.

Los voluntarios a veces son exigentes: esperan determinadas cosas de la organización y en ocasiones no están dispuestos a realizar ciertas tareas. Puede que se disgusten o se ofendan por algo que notan en la organización. Con ese descontento, pueden generar problemas o simplemente dejar de prestar sus servicios.

La verdad es que a veces los voluntarios tienen un costo mayor para la organización que el valor de las tareas que realizan. El costo del tiempo perdido que los empleados pagados deben dedicar a supervisar, alojar, alimentar y recibir a grandes grupos de voluntarios puede ser enorme. Esa realidad ha llevado a algunas compañías a reconsiderar la relación costo-beneficio de usar los servicios de voluntarios.

Pero el mayor reto que debe enfrentar la mayoría de los supervisores de voluntarios es el hecho de que, por lo general, estos se quedan "poco tiempo". Aunque muchas personas realizan tareas voluntarias, tener un compromiso con la misma organización durante bastante tiempo es menos común. Muchos trabajan por algunas semanas o meses; después desaparecen y dejan de prestar servicios como voluntarios. La tasa de rotación de personal de los trabajadores voluntarios es muy alta y constituye uno de los retos más importantes para los administradores de organizaciones que los emplean.

COMPRENDER LA IMPORTANCIA DE LA SATISFACCIÓN LABORAL DE LOS VOLUNTARIOS

La satisfacción laboral no es un tema relegado únicamente a las empresas comerciales. Quienes trabajan para organizaciones sin fines de lucro y los que realizan tareas de voluntariado también desean obtener satisfacción por el trabajo hecho. Los investigadores han estudiado el efecto de la satisfacción laboral en esas organizaciones sin fines de lucro y en los voluntarios que trabajan para ellas. La retención de voluntarios es uno de los retos fundamentales para estas organizaciones. Algunas de las conclusiones del estudio incluyen:

*La retención de voluntarios es **uno de los retos fundamentales** para las organizaciones sin fines de lucro.*

La baja satisfacción laboral aumenta la tasa de rotación de personal. Cuando a los empleados y los voluntarios de las organizaciones sin fines de lucro no les gusta el trabajo o las características de la organización para la cual trabajan, hay más probabilidades de que se vayan. De hecho, tal vez presten sus servicios a otra organización o comiencen a hacer otras tareas, pero no es probable que continúen en un puesto que no les da satisfacción personal.

La tasa de rotación afecta la calidad de los servicios. Cuando las organizaciones tienen un alto índice de rotación de personal, eso afecta directamente la capacidad de ofrecer servicios de calidad constantes a los que sirven. El elevado índice de rotación dificulta a las organizaciones brindar entrenamiento suficiente a los nuevos voluntarios, y la falta de experiencia puede afectar la calidad de los servicios ofrecidos.

Los voluntarios tienen más probabilidades de irse, porque sus esfuerzos no son reconocidos. Cuando los voluntarios sienten que nadie advierte ni aprecia sus esfuerzos, se desaniman y se van relativamente rápido. La falta de reconocimiento y aprecio es un factor muy importante de por qué los voluntarios dejan de trabajar en una organización.

Una de las "mejores prácticas" mencionadas para utilizar con eficacia los servicios de voluntarios incluye reconocerlos y apreciarlos. Los profesionales que asesoran regularmente a organizaciones de voluntarios para ayudarlos a mejorar su efectividad han descubierto que expresar aprecio es fundamental para cumplir con éxito los objetivos de la organización.

Muchos voluntarios afirman que la razón principal para dejar su tarea es la sensación de aislamiento y falta de apoyo de los demás. Los voluntarios necesitan sentirse vinculados a sus supervisores y compañeros de trabajo y notar que reciben su apoyo. De lo contrario, la duración de su servicio será limitada.

POR QUÉ LAS PERSONAS SE OFRECEN COMO VOLUNTARIOS Y POR QUÉ PERSISTEN EN ELLO

Como psicólogo, yo (Paul) a menudo trato con conductas problemáticas de la vida de las personas. Se puede buscar ayuda para lidiar con problemas de enojo, depresión, deseo de perder peso o mejorar su matrimonio... la lista de comportamientos es casi interminable. Cuando se trata de los cambios de actitud, existe un principio fundamental que debe comprenderse: las razones por las que una persona empieza a comportarse de determinada manera y las razones por las que el comportamiento persiste son, muchas veces, muy diferentes.

Es importante entender esto respecto de los voluntarios, porque los motivos por los que comienzan a prestar estos servicios a menudo son diferentes a por qué persisten en ellos. Analicemos este tema y veamos primero los argumentos por los que las personas afirman haberse dedicado al voluntariado:

- Porque ha sido parte de los valores familiares y el estilo de vida desde niños.

- Porque es el requisito para una organización de la cual son miembros.
- Para relacionarse más con sus amigos actuales.
- Para tener nuevos contactos sociales.
- Para retribuir a una organización que los ayudó a ellos mismos o a su familia.
- Como respuesta a una crisis o necesidad específica (inundación, tornado, huracán, etc.).
- Por inquietud acerca de una necesidad muy importante de la comunidad.
- Por creencias religiosas y para ayudar a los menos afortunados.
- Por un deseo personal de compartir con otros las bendiciones que ellos han experimentado.

Observe que el "reconocimiento" no se encuentra entre las razones por las que las personas se ofrecen como voluntarios.

Pero ¿por qué persisten en el voluntariado? Las razones comúnmente mencionadas incluyen las siguientes:

- Porque sienten que contribuyen a una causa mayor que sí mismos.
- Porque pueden hacer algo que afecte a su propia vida o su comunidad.
- Porque disfrutan de las nuevas relaciones sociales mientras trabajan juntos en proyectos útiles.
- Porque reciben comentarios positivos acerca del servicio que brindan.
- Porque tienen un sentimiento de lealtad o compromiso hacia la causa o la organización.

Mantener la participación de los voluntarios con el paso del tiempo es un reto importante para los gerentes de organizaciones sin fines de lucro. Por lo tanto, creemos que entender las necesidades y los deseos de los trabajadores voluntarios es fundamental para poder retenerlos durante largos períodos de tiempo. Si usted analiza las razones por las cuales las personas siguen brindando servicios voluntarios, estas se encuentran dentro de dos categorías: la vinculación social y la repercusión de su servicio.

Cuando los voluntarios se sienten vinculados con otros —las personas a las que sirven, sus compañeros de trabajo, el personal de la organización—, la duración de su compromiso aumenta drásticamente. En cambio, sabemos que los voluntarios se van cuando se sienten aislados, cuando no se sienten apoyados por los miembros de la junta directiva y cuando no se sienten vinculados con las personas a las que sirven.

> *Los voluntarios necesitan el aporte y la perspectiva de sus supervisores para comprender el efecto que realmente tienen.*

La mayoría de los voluntarios también quiere "dejar su huella". Quieren saber que su servicio es importante y que tiene un efecto positivo sobre los demás. El problema es que muchos de los esfuerzos de los voluntarios no dejan huellas significativas o visibles en lo inmediato. Por consiguiente, ellos no siempre pueden ver el efecto de su servicio. Es de vital importancia que los supervisores y el personal de apoyo los ayuden a ver que lo que están haciendo forma parte del cuadro completo y que eso tendrá un efecto importante con el paso del tiempo. Los voluntarios necesitan el aporte y la perspectiva de sus supervisores para comprender el efecto que realmente tienen.

EL EFECTO QUE CAUSA EL APRECIO

Para reforzar en los voluntarios el sentido de la vinculación social y de la repercusión de su servicio, la función del supervisor y el aliento de los colegas son muy importantes. Ser eficiente en la demostración de aprecio por el trabajo que realizan de una manera que sea significativa para ellos puede tener un efecto considerable en la retención de voluntarios.

Hemos visto que las organizaciones que se toman el tiempo de averiguar cómo alentar mejor a los voluntarios, y que descubren sus lenguajes del aprecio (a través del **Inventario de MMA**), tienen mucho más éxito en demostrarles valor. Los supervisores también han expresado que les asombra cuánto menos tiempo y energía lleva alentar a los voluntarios cuando saben qué motiva a cada uno, en comparación con organizar grandes actividades parar mostrarles aprecio, las cuales no significan mucho para ellos.

Si usted es administrador de una organización sin fines de lucro o supervisor de voluntarios, considere lo siguiente. ¿No sería provechoso escribir una nota y agradecer verbalmente a los individuos para los cuales eso tiene verdadera importancia? ¿No sería mejor hacer una cantidad pequeña de regalos a quienes les gusta recibirlos y saber qué les gusta? Piense en la cantidad de tiempo y energía que podría ahorrar si pasara tiempo con una persona o con pequeños grupos que valoran el tiempo de calidad. ¿No estaría menos ansioso si supiera quiénes son los voluntarios que valoran y se sienten motivados cuando trabajan juntos y quiénes se sienten bien cuando trabajan de manera independiente?

Una de las quejas más comunes de los voluntarios sobre los intentos de demostrar aprecio es que parece que se hacen "sin distinciones". Nuestra investigación intrínseca muestra que el reconocimiento público es una de las maneras de recibir aprecio que menos prefieren las personas. Aun así es una de las prácticas preferidas de los administradores de organizaciones sin fines de lucro cuando entregan el premio del "voluntario del año" o hacen que el director de una campaña para recaudar fondos se pare y reciba reconocimiento. Creemos que cuando los administradores entienden los lenguajes del aprecio, pueden ser más eficaces en sus esfuerzos por mostrar aprecio por sus voluntarios. (Por favor, vea: "Cómo recompensar a los voluntarios" del Conjunto de herramientas del aprecio que se encuentra al final de este libro).

Laura es la directora de una agencia de servicios sociales que recluta voluntarios para aconsejar a estudiantes de escuelas secundarias que están embarazadas o tienen un bebé. La meta de los mentores es ayudar a las adolescentes para que permanezcan en la escuela y se gradúen, brindarles apoyo emocional durante el embarazo y dar un entrenamiento práctico para madres jóvenes. Es una relación de alto riesgo y efecto.

Cuando empezamos a trabajar con Laura, nos indicó que su mayor necesidad era saber cómo alentar y apoyar a sus voluntarios para que no se desanimaran y renunciaran. Sus mentores son el "motor" de los servicios que su organización brinda. Sin ellos, se detiene todo el tren. Cuando ella supo sobre el **Inventario MMA** y el modelo de entrenamiento que estábamos desarrollando, se interesó en comenzar con el proceso. De hecho, nos hizo asistir a la siguiente reunión que tenía con sus voluntarios, donde nosotros presentamos los conceptos del aliento y el aprecio (muchos de ellos ya estaban familiarizados con *Los cinco lenguajes del amor*). Después, todos los voluntarios hicieron el **Inventario MMA**.

Dos semanas más tarde, hablamos sobre los resultados de sus inventarios y presentamos a los voluntarios un gráfico del grupo que mostraba el lenguaje del aprecio principal, secundario y de menor importancia para cada uno. Estaban ansiosos por saber cómo alentar al otro y empezaron a hacer planes para llevarlo a cabo.

Algunas semanas después, hicimos un seguimiento con Laura. Estaba radiante de alegría por el efecto que la información y el proceso habían tenido sobre el equipo. Señaló que la moral entre los mentores había aumentado y que su relación con los miembros del equipo de voluntarios había mejorado significativamente.

Creemos que la experiencia de Laura se dará en toda organización con fuerte presencia de voluntarios, que se tome el tiempo de ayudar a los trabajadores y a la junta directiva a descubrir el principal lenguaje del aprecio de cada uno de ellos. Dado que sabemos que los voluntarios se motivan cuando reciben muestras de aprecio y por eso se sienten vinculados con los colegas y la junta directiva, recomendamos encarecidamente a los administradores de las organizaciones, que dependen en gran medida de la ayuda de voluntarios, que utilicen las perspectivas de la *Motivación Mediante el Aprecio*.

REFLEXIÓN PERSONAL

Voluntarios

1. *Si usted es voluntario: en una escala de 0-10, ¿cuánto aprecio recibe de parte de su supervisor? ¿Qué podría hacer su supervisor para que usted se sienta más apreciado?*

2. *¿Trabaja en estrecha colaboración con otros voluntarios? Si es así, haga una lista de los nombres de las personas con las que tiene una colaboración más estrecha y califique cuán apreciado se siente por ellos, en una escala de 0-10. ¿Qué podría hacer o decir cada uno de sus compañeros voluntarios para que usted se sienta más apreciado?*

3. *¿Cuándo fue la última vez que expresó aprecio a su supervisor por la función que tiene en su trabajo como voluntario? ¿Qué hizo usted para expresar aprecio? ¿Cómo piensa que recibió su supervisor la muestra de aprecio?*

4. *¿Cuándo fue la última vez que mostró aprecio por uno de sus compañeros voluntarios? ¿Cómo mostró su aprecio y cómo respondió su compañero?*

5. *¿Sabe cuál es su propio lenguaje del aprecio? Si la respuesta es "no", considere la idea de hacer el* **Inventario MMA***.*

6. *¿Sabe cuál es el principal lenguaje del aprecio de su supervisor y sus compañeros voluntarios? Si la respuesta es "no", tal vez,*

*podría alentar a sus colegas a hacer el **Inventario MMA**. Quizá sea conveniente que usted le dé una copia de este libro a su supervisor.*

Administradores y gerentes

1. *Si usted dirige o supervisa voluntarios, ¿cuál ha sido su mayor reto?*

2. *¿Qué hace su organización actualmente para mostrar aprecio por los voluntarios? ¿Tiene un método para recopilar comentarios de sus voluntarios sobre el nivel de satisfacción de ellos por el trabajo que realizan?*

3. *Dado que sentir aprecio genuino es un factor muy importante en la satisfacción laboral, tal vez, a usted le convenga alentar a sus voluntarios a hacer el **Inventario MMA** para que usted y ellos puedan comprender el principal lenguaje del aprecio de cada uno.*

4. *¿Cree usted que expresa de manera suficiente la importancia del rol que desempeñan los voluntarios para alcanzar el objetivo general de su organización? ¿Qué podría hacer usted para mejorar la sensación de que están "marcando la diferencia" con lo que hacen?*

5. *¿Percibe que sus voluntarios se sienten vinculados socialmente con los compañeros de trabajo, las personas a las que sirven y la junta directiva de la organización? ¿Qué podría hacer para fortalecer la vinculación social de los voluntarios?*

Cómo superar los obstáculos comunes

13

¿Cambia con el tiempo el lenguaje del aprecio de una persona?

uando intentamos convencer a las compañías de la necesidad de implementar el modelo de *Motivación Mediante el Aprecio,* con frecuencia nos preguntan: "¿Cambia en determinadas situaciones el principal lenguaje del aprecio de una persona?". Si la respuesta a esa pregunta es "sí", surge una segunda pregunta: "¿Cómo sabemos si este ha cambiado?". Las respuestas a estas preguntas constituyen el tema central de este capítulo.

Queremos comenzar por decir que creemos que el principal lenguaje del aprecio de una persona suele ser su lenguaje durante toda la vida. Sucede lo mismo que con muchas otras características de la personalidad. Una persona muy organizada siempre será un buen organizador. Por otra parte, está la persona que aparentemente pasa la mitad de su vida buscando las llaves del automóvil. Una persona "diurna" siempre será más productiva antes de las once de la mañana, mientras que una persona "nocturna" cobrará vida después de las diez de la noche. Estas características suelen persistir durante toda la vida. Son parte de quienes somos.

A pesar de lo dicho, queremos aclarar que no estamos sugiriendo que las personas no cambian con el tiempo. Sabemos que alguien desorganizado puede tomar medidas positivas para ser más organizado. Con la ayuda de un poco de cafeína, puede que una persona "nocturna" no se levante a tiempo para ver la salida del sol, pero sí para oír el canto de las aves.

Y aunque es posible que el principal lenguaje del aprecio sea una característica permanente en una persona, hay determinados factores y épocas de la vida en que el lenguaje del aprecio secundario puede adquirir mayor importancia y el lenguaje principal puede, durante esa etapa, perder parte de su valor emocional. También puede haber situaciones en las que el lenguaje menos importante de una persona cobre valor. Queremos hablar sobre dos circunstancias en las que el lenguaje del aprecio preferido puede tender a variar en importancia.

ETAPAS Y CIRCUNSTANCIAS DE LA VIDA

En primer lugar, la etapa de la vida y las circunstancias en que nos encontramos pueden afectarnos. Muchos de nosotros hemos pasado por la experiencia personal de tener un miembro de la familia con problemas médicos importantes o hemos trabajado con colegas en la misma situación. Es posible que un cónyuge o un hijo hayan sufrido un accidente grave o tengan problemas de salud que pongan en riesgo su vida e impliquen un período de hospitalización prolongado y una etapa de recuperación. Durante ese tiempo, todos estamos "estresados al máximo", agobiados por presiones sobre nuestro tiempo y nuestras emociones. Nos preocupa lo desconocido, qué le pasará a nuestro ser querido.

El apoyo emocional y el aliento por parte de familiares, amigos y colegas son fundamentales durante estas etapas. En momentos de la vida de tanta intensidad, nuestro lenguaje del aprecio puede variar.

Por ejemplo, Miguel es un contador diligente que presta servicios en un gran estudio contable. Cuando hizo el **Inventario MMA**, su principal lenguaje del aprecio se identificó como *Palabras de afirmación*. Miguel estuvo de acuerdo con ese resultado. Lo que realmente lo hacía sentirse apreciado era que las personas reconocieran su trabajo y le dieran palabras de afirmación.

Seis meses después de que Miguel hiciera el inventario, a su esposa le diagnosticaron cáncer. Los dos años siguientes incluyeron visitas frecuentes a médicos, dos operaciones y sesiones de quimioterapia. Durante esa época, los compañeros de trabajo de Miguel estuvieron a su lado y le brindaron mucho apoyo. Dos compañeras de trabajo se ofrecieron a quedarse con los hijos de Miguel para que él pudiera acompañar a su esposa a las citas médicas. Otras dos empleadas se pusieron de acuerdo para llevar comida hecha a la casa de Miguel después de cada una de las operaciones de su esposa.

Más adelante, Miguel les dijo a esos cuatro compañeros de trabajo: "Nunca olvidaré lo que hicieron por mí. No lo hubiera logrado sin la ayuda de ustedes". Hasta hoy, recuerda la experiencia como uno de los momentos de su vida en el que se sintió más apreciado por sus colegas. Durante esa etapa, el lenguaje de *Actos de servicio* le habló con más profundidad emocional que las *Palabras de afirmación*. Cuando miramos su **Inventario MMA**, notamos que los *Actos de servicio* eran su lenguaje secundario. Pero durante esa profunda crisis personal, ese lenguaje se convirtió en el principal.

Los "pasos a seguir" dentro del lenguaje del aprecio preferido de una persona pueden cambiar en las diferentes etapas de la vida. Bruno es gerente de ventas de una fábrica. Este hombre de unos treinta y cinco años viaja con frecuencia para ver posibles clientes, y en parte, hacer negocios consiste en salir con ellos a cenar a restaurantes bastante agradables. Al igual que muchas parejas jóvenes, a comienzos de su vida adulta, Bruno y su esposa Sandra vivían con un presupuesto bastante ajustado; por lo tanto, comer fuera era un lujo poco común. A esa altura de su carrera, ambos hubieran recibido con mucho agrado un certificado de regalo para un buen restaurante como demostración de aprecio por su buen trabajo. Sin embargo, en esta etapa de su vida, un certificado de regalo para un restaurante tendría menos valor para Bruno, aunque su principal lenguaje del aprecio sean los *Regalos*. Él y Sandra preferirían entradas para conciertos. Este es un ejemplo de cómo los pasos específicos dentro de un lenguaje pueden cambiar con el tiempo y según las distintas etapas de la vida.

O considere el caso de Brenda, una vendedora excepcional que trabaja para una compañía nacional de ventas. Su principal lenguaje del aprecio son las *Palabras de afirmación*. Cuando recibió su primer reconocimiento público como la "vendedora del mes", llamó a su madre y le habló de su éxito. Incluso le leyó las palabras que contenía el premio que recibió. Se sintió realmente valorada y apreciada. Cuatro años más tarde, el armario de Brenda está lleno de premios y placas que ha recibido por varios logros. Ahora se lo toma con calma y rara vez habla de su premio con su madre o con alguna otra persona. Solo coloca la placa en el armario y comienza a trabajar para el siguiente logro.

Hace poco su supervisor pasó por su oficina y le dijo: "Brenda, te he dado más placas y premios que a ninguna otra persona en la historia de la empresa. Puedo darte otra placa si quieres. Pero quería pasar por aquí en persona y decirte cuánto aprecio tu contribución a la empresa. No solo eres una gran vendedora, sino que también motivas a los demás. En muchos sentidos, eres la persona más importante de nuestro equipo de ventas. Quiero que sepas que valoramos sinceramente tu contribución a la empresa. La semana que viene, si no te opones, te daré otra placa. Pero solo quería que supieras que para mí no se trata de entregar un premio mecánicamente, sino que aprecio con sinceridad lo que estás haciendo". Brenda agradeció a su supervisor por sus comentarios. Y cuando él se fue de la oficina, ella se emocionó hasta las lágrimas y pensó: *Creo que realmente valora mis esfuerzos.*

Aunque el principal lenguaje de Brenda son las *Palabras de afirmación*, el hecho de que su supervisor se tomara el tiempo para pasar por su oficina y expresarle verbalmente su aprecio la conmovió profundamente. Eso tiene mayor efecto que el reconocimiento público frente a sus colegas. Su supervisor habló en el lenguaje de *Tiempo de calidad* así como en el de *Palabras de afirmación*.

¿Cómo reconocer, pues, cuando el principal lenguaje del aprecio de una persona puede haber cambiado durante una etapa o cuando los pasos a seguir hayan cambiado de importancia? A veces se puede ver con solo reconocer las circunstancias que vive esa persona. Los colegas de Miguel sabían que su esposa estaba enferma, y los más allegados a él sabían qué le sería de ayuda, por eso reaccionaron instintivamente. No pensaron: *¿Cuál es el lenguaje del aprecio de Miguel?*, sino: *¿Qué podríamos hacer para ayudarlo en esta situación?* Y al responder así, mostraron aprecio por Miguel de la manera más profunda posible. A veces, si tan solo comprendemos las circunstancias de la vida de un colega, podremos saber intuitivamente qué tipo de ayuda sería más importante para él.

Por otro lado, el supervisor o los colegas de Bruno podían no saber que un certificado de regalo para un buen restaurante ya no significaba tanto para él como en otra etapa de su vida. Ellos necesitaban recibir la información de que él prefería una entrada para un concierto en lugar de un certificado de regalo para un restaurante. Por ese motivo, alentamos a los que completan el **Inventario MMA** y hacen la lista de acciones importantes para ellos, que repasen la lista dos veces al año y den información actualizada en cuanto a qué cosas les harían sentirse apreciados. Si el supervisor puede hacer una revisión dos veces al año, será mucho más sencillo para el empleado.

El supervisor de Brenda, tal vez, no haya sabido que su visita a la oficina de ella y el tiempo prolongado que le dedicó serían tan significativos en la manifestación de su aprecio. Sin embargo, si Brenda diera a conocer cuán importantes fueron la visita y las palabras de su supervisor, él sabría que el *Tiempo de calidad* junto con las *Palabras de afirmación* tienen más significado que el simple reconocimiento público.

TERESA, GERARDO Y LA DINÁMICA INTERPERSONAL

Dediquemos un momento a pensar como psicólogos. En los primeros días de la psicología (desde comienzos del 1900 hasta los años setenta), el énfasis de los psicoterapeutas estaba puesto principalmente en los individuos: las características de su personalidad, sus patrones de comportamiento y hábitos, y su manera de pensar. Sin embargo, finalmente, se dieron cuenta de que el comportamiento de un individuo tiene lugar dentro de un contexto: dentro de un sistema (de relaciones) y no de manera aislada. Esto condujo al desarrollo de lo que se conoce como "teoría sistémica". La idea fundamental es que los comportamientos y pensamientos de las personas se comprenden mejor si entendemos el sistema en el que viven. Este descubrimiento llevó al desarrollo de la terapia matrimonial y familiar, y la psicología social. El objetivo era dar una comprensión más cabal sobre la manera en que el contexto social de una persona (aquellos con quienes interactúa) modifica cómo se comporta dicha persona. Un ejemplo obvio es la manera en que una adolescente saluda a sus amigas en comparación con la manera en que saluda a su abuela.

El punto fundamental de esta discusión para nuestros propósitos es que el principal lenguaje del aprecio puede variar según la persona con la que uno se relacione en ese momento. Por ejemplo, lo que queremos de un colega puede ser diferente a lo que queremos de un supervisor. La personalidad del supervisor también puede influir sobre lo que el empleado quisiera recibir como una expresión de aprecio. Al estudiar este tema, es evidente que nuestros lenguajes del aprecio, si bien radican fundamentalmente en "quiénes somos", también se ven afectados por las características de la persona con quien interactuamos. Un ejemplo sencillo es pensar en cómo usted interactúa con su supervisor actual y luego compararlo con la manera en que interactuaba con sus supervisores anteriores. Usted, en esencia, es la misma persona (aunque probablemente haya cambiado un poco), pero se comunica y reacciona de manera diferente, de acuerdo a las características personales de su supervisor.

Esta dinámica interpersonal también afecta nuestro lenguaje del aprecio. Considere el siguiente ejemplo. Teresa, generalmente, valora los cumplidos y otras expresiones verbales de aprecio; este es su principal lenguaje. Sin embargo, el supervisor actual de Teresa es un profesional de la mercadotecnia, lleno de energía y muy expresivo. Gerardo es una persona dinámica, que les hace comentarios positivos prácticamente a todos los que se encuentra. "¡Qué hermoso día! ¿Cómo te va, José? La verdad es que aprecio tu trabajo de ayer. ¡Hiciste un trabajo magnífico!". Y así sucesivamente, con los demás miembros del equipo laboral.

Las personas aman a Gerardo, porque es una persona muy positiva y alentadora. Sin embargo, debido a que él hace tantos elogios verbales, de alguna forma, la percepción de sus comentarios puede menoscabarse por parte de aquellos que están cerca de él. Por ello, cuando Gerardo felicita a Teresa, ella está agradecida, pero también minimiza un poco el mensaje.

Lo que realmente conmueve a Teresa es cuando Gerardo pasa por su oficina y le pregunta no solo cómo van las cosas, sino también qué sugerencias tiene para mejorar el desempeño del sector. Cuando se queda el tiempo suficiente para conversar con Teresa, ella siente que él aprecia sinceramente sus esfuerzos y perspectivas. Sabe que Gerardo es una persona muy dinámica y activa. Rara vez, se queda sentado y quieto durante conversaciones prolongadas. Con frecuencia, lo interrumpen llamadas telefónicas, mensajes de texto o personas que quieren hablar con él. Un punto a su favor es que tiene una respuesta rápida para los que se comunican con él, pero también puede ser algo distraído. En la mitad de una conversación, a veces recuerda que tiene que llamar a alguien y lo hace de inmediato. Tal vez diga: "No dejes ir esa idea. Necesito hablar rápido con Juan sobre algo. Solo llevará un segundo". Por lo tanto, cuando él se toma su tiempo no solo para decirle palabras de afirmación a Teresa, sino también para escuchar sus ideas, ella siente que es sincero.

Curiosamente, el *Tiempo de calidad* es el lenguaje del aprecio secundario de Teresa. Pero en relación a Gerardo, es evidente que llega a ser más importante que su lenguaje principal. Por eso, aunque los resultados del **Inventario MMA** le informarían a Gerardo que Teresa valora las palabras de afirmación, en realidad su manera primaria de recibir aliento por parte de Gerardo es tener una conversación de calidad en la que él le dedique su completa atención.

¿Quién sabrá de este cambio en los lenguajes? Teresa. Con el paso del tiempo, si ella presta atención a sus respuestas internas, será consciente de que, en realidad, lo que desea de su supervisor es *Tiempo de calidad.* Por eso, será importante para ella tener eso claro y comunicárselo a Gerardo. Ella podría tener la siguiente conversación:

"Gerardo, ¿puedo hablar un minuto contigo? Necesito explicarte algo. Sabes que todos hicimos el inventario sobre el aprecio para que tú pudieras saber cuál es la manera más significativa de alentar a cada uno de nosotros. Probablemente te acuerdas de que mi lenguaje principal son las palabras de afirmación. Me encanta que me feliciten y oír lo bien que me está yendo, y eres muy bueno en eso. Pero me di cuenta de que, como tú haces muchos elogios y alientas mucho a todos, y estás muy ocupado, lo que realmente valoro son las veces en que pasas por mi oficina, me preguntas cómo me va y me pides que te sugiera cómo mejorar la eficiencia de la compañía. No me malinterpretes; quiero seguir escuchando qué te gusta de lo que estoy haciendo. Pero lo que tiene incluso más significado para mí es sentir que a ti realmente te importan mis ideas sobre qué podemos hacer para mejorar los resultados de la compañía. ¿Me entiendes?".

Ahora, Gerardo tiene la información que necesita para expresarle aprecio a Teresa de manera eficiente. Debido a la dinámica personal, el lenguaje principal de Teresa con respecto a Gerardo ya no son las *Palabras de afirmación*, sino el *Tiempo de calidad*. Sin embargo, en cuanto a la relación con sus colegas, su principal lenguaje del aprecio siguen siendo las *Palabras de afirmación*.

La experiencia de Teresa también ejemplifica otro factor. Cuando una persona recibe una cantidad suficiente de su principal lenguaje del aprecio, es posible que su lenguaje secundario se vuelva más importante. El lenguaje principal de Teresa son las *Palabras de afirmación*. Ella es así. Pero puesto que Gerardo le ha dado muchísimas palabras de afirmación, estas han llegado a ser menos significativas, y el *Tiempo de calidad* ha adquirido más importancia para ella. Creemos que si Gerardo dejara de darle palabras de afirmación con regularidad, su principal lenguaje del aprecio rápidamente volvería a ser el de *Palabras de afirmación*.

> *Cuando una persona recibe una cantidad suficiente de su principal lenguaje de aprecio, es posible que* **su lenguaje secundario se vuelva más importante**.

O considere la situación de Timoteo. Es muy trabajador y tiene muchas expectativas sobre sí mismo. Sin embargo, debido a la naturaleza de su trabajo y al hecho de que la empresa ha promovido una reestructuración, a veces se siente sobrecargado por la cantidad de trabajo que se espera de él. En el **Inventario MMA**, su principal lenguaje del aprecio fueron los *Actos de servicio*. Cuando sus colegas se ofrecen para ayudarle con un proyecto, él se siente sinceramente apreciado. Sin embargo, Timoteo tiene un colega cuya ayuda no aprecia. Ese colega no para de hablar, en tanto que Timoteo es bastante callado. Cuando ese colega le ayuda, habla, hace bromas y cuenta historias constantemente. Eso distrae y molesta mucho a Timoteo. No puede prestar atención a su propio trabajo mientras su compañero intenta ayudarle. Por lo tanto, debido a la dinámica personal de la relación, el principal lenguaje de Timoteo para con ese colega no son los *Actos de servicio*. Si ese colega le ofrece su ayuda, en ese caso le dirá: "No, gracias. Lo tengo cubierto. Gracias por preguntar".

Esperamos que estos ejemplos le aclaren el efecto de la dinámica personal sobre nuestro lenguaje del aprecio. La pregunta que queda es: "¿Cómo puede el colega que habla mucho saber que los *Actos de servicio* no son el principal lenguaje del aprecio que Timoteo quisiera recibir de él?". Después de todo, tal vez, haya visto la copia impresa del **Inventario MMA** de Timoteo y sea sincero en sus esfuerzos por mostrar aprecio al ofrecerle su ayuda. Sugerimos lo siguiente: antes de hablar en lo que usted piensa que es el lenguaje principal de la persona, pregunte: "¿Esto sería de ayuda para ti?". Si la respuesta es: "No, gracias. Lo tengo cubierto" y si le dan esa respuesta por lo menos dos veces, puede suponer que el principal lenguaje del aprecio que esperan *de usted* no son los *Actos de servicio*.

> *Recuerde esto: **ellos son expertos** acerca de sí mismos. Deje que su respuesta lo guíe para saber **cómo expresar aprecio** por ellos.*

Se puede hacer esa pregunta directa con todos los lenguajes del aprecio. Si usted percibe que el lenguaje principal de una persona son las *Palabras de afirmación*, puede preguntar: "Si yo quisiera expresar mi aprecio por ti, ¿las palabras de afirmación serían la mejor manera de hacerlo?". Si la respuesta es "sí", entonces, exprésele palabras de afirmación. Si le sugieren otra cosa, recuerde esto: ellos son expertos acerca de sí mismos. Deje que su respuesta lo guíe para saber cómo expresar aprecio por ellos. Si percibe que recibir *Regalos* es el principal lenguaje del aprecio de ellos, usted podría decir:

"Cuando estuve en Dallas, compré un regalito para ti, porque quería que supieras cuánto aprecio lo que haces por la empresa. Pero si los regalos no son tu lenguaje del aprecio, no tengo problema en dárselo a otra persona. ¿Quieres el regalo?". Ya que usted preguntó, aunque el principal lenguaje de esa persona no sea los *Regalos*, probablemente acepten su gesto como una expresión genuina de aprecio. El simple hecho de preguntar si el gesto sería significativo generalmente expresa sinceridad.

Lo que estamos tratando de señalar en este capítulo es que usted no debería sorprenderse si descubre que su principal lenguaje del aprecio varía en determinadas circunstancias y con determinadas personas. Tampoco debería sorprenderse si descubre que lo mismo sucede con sus colegas. Esto no quiere decir que el concepto de tener un lenguaje del aprecio principal, uno secundario y otro de menor importancia no sea válido. En cambio, se trata de aceptar la flexibilidad de la vida y que somos seres humanos, no máquinas estáticas.

Lo alentamos a ser consciente de sus propias reacciones internas y de las respuestas de sus colegas. La vida no es estática; la vida de las personas cambia con el paso del tiempo. Creemos que los mejores gerentes son los que conocen bien a sus empleados, continúan conociéndolos y hacen los cambios adecuados cuando son necesarios. La realidad de los factores que analizamos en este capítulo apunta nuevamente a la importancia de tener sesiones periódicas de evaluación con los empleados. Como parte de estas evaluaciones dinámicas, puede descubrir con facilidad cualquier cambio en el lenguaje del aprecio principal y el secundario o los pasos a seguir que ellos preferirían.

¿CÓMO SE RELACIONAN SUS "LENGUAJES DEL AMOR" CON LOS LENGUAJES DEL APRECIO?

Las personas que están familiarizadas con *Los cinco lenguajes del amor* y han pasado por el proceso de identificar su lenguaje del amor preferido para las relaciones personales, a menudo sienten curiosidad sobre la relación entre estos dos grupos de lenguajes. Con frecuencia nos preguntan: "¿Cuál es la relación entre los lenguajes del amor de una persona y sus lenguajes del aprecio? ¿Son idénticos? ¿Se relacionan de alguna manera? ¿O son totalmente distintos?".

En primer lugar, a los que no están familiarizados directamente con *Los cinco lenguajes del amor*, les daremos algo de contexto. Yo (el doctor Chapman) descubrí al trabajar con parejas (con frecuencia en el contexto de la consejería matrimonial) que, por lo general, el esposo y la esposa se expresan amor de diferentes maneras. Después de reunir información durante varios años, descubrí que estas expresiones de afecto se dividen, a grandes rasgos, en cinco categorías o lenguajes. Los resultados de mi investigación y las consecuencias prácticas para las relaciones matrimoniales se explican en el libro original *Los cinco lenguajes del amor*. Después descubrimos que esos lenguajes personales del amor y el afecto también se aplican a otras relaciones, por ello investigamos este tema más a fondo y escribimos *Los cinco lenguajes del amor de los niños*, *Los cinco lenguajes del amor de los jóvenes* y, para adultos solteros, *Los cinco lenguajes del amor para solteros*. La respuesta ha sido abrumadora desde hace diecinueve años: llevamos más de seis millones de ejemplares vendidos de algunos de estos libros sobre los lenguajes del amor publicados en más de cuarenta idiomas. Los conceptos fundamentales también se aplicaron a la restauración de las relaciones en *Los cinco lenguajes de la disculpa*, escrito en colaboración con Jennifer Thomas.

Por lo tanto, la pregunta es: ¿cómo se comparan los lenguajes del amor que una persona prefiere para sus relaciones con amigos y familiares, con los lenguajes del aprecio preferidos en el lugar de trabajo? Contamos con tres fuentes distintas de información como ayuda para responder a esa pregunta. En primer lugar, una perspectiva teórica sobre la naturaleza del comportamiento humano. En segundo lugar, nuestra experiencia profesional de trabajar con los cinco lenguajes durante años. Y por último, la información que obtuvimos de clientes, aprendices y algunos datos preliminares de investigaciones.

La investigación sobre el comportamiento humano ha descubierto dos temáticas bastante comunes y coherentes: a) las personas generalmente se comportan de la misma manera conforme pasa el tiempo, a menos que les afecte algún acontecimiento importante que les cambie la vida; y b) los actos específicos de los individuos varían en distintos entornos y especialmente en respuesta a las

> *¿Cómo se comparan los lenguajes de amor que una persona prefiere para **sus relaciones con amigos y familiares**, con los lenguajes del aprecio preferidos en **el lugar de trabajo?***

personas con las que interactúan. Todo el concepto de la "personalidad" se construye sobre la creencia de que los individuos tienen patrones comunes para comportarse y relacionarse con los demás, hasta el punto de que esos patrones son previsibles y se transforman en cualidades del carácter de la persona. Sin embargo, también sabemos que sus comportamientos pueden variar de manera significativa según con quién se relacionan: su cónyuge, su hijo, su jefe, un amigo o su madre.

Por lo tanto, podemos afirmar que, por lo general, las maneras en que las personas experimentan y prefieren los actos de aliento, aprecio o afecto serían similares con el paso del tiempo y según diversos contextos. Pero también podríamos predecir que hay grandes probabilidades de que en el caso de muchos, la manera en que se relacionan con los demás y cómo prefieren que otros muestren aprecio por ellos cambia según quién es la otra persona y el tipo de relación que mantienen.

La segunda fuente de datos para entender la relación entre los lenguajes del amor y los lenguajes del aprecio en el trabajo proviene de nuestros años de experiencia con el manejo de estos conceptos. Está claro que uno de nosotros (Gary) tiene más experiencia en el contexto de los lenguajes del amor dentro de las relaciones personales, mientras que el otro (Paul) se ha centrado más en las relaciones laborales y los lenguajes del aprecio. Ambos llegamos a la misma conclusión de manera independiente: con el paso del tiempo, encontraríamos una moderada correlación y superposición entre los lenguajes preferidos de un individuo, independientemente del entorno o el tipo de relación. Pero también anticipamos que no habría una coincidencia exacta, y que habrá variaciones en el lenguaje que más y menos prefiere una persona. De hecho, eso es lo que descubrimos.

Los clientes y quienes tuvieron sesiones de entrenamiento con nosotros sistemáticamente afirman que, según creen, en su caso existe una superposición general de los lenguajes del aprecio en el trabajo y los lenguajes del amor, pero no es del cien por ciento. Por ejemplo, Beatriz, profesora titular de una escuela intermedia, afirmó: "Recibir elogios verbales es importante para mí en los dos entornos. Por eso, es uno de mis dos lenguajes preferidos en ambas escalas. Pero el tiempo de calidad con mi esposo es mucho más importante y es el primero en la escala de los cinco lenguajes del amor".

De manera similar, Cristian, contador de una corporación, afirmó: "Pienso que básicamente soy la misma persona en el trabajo y en mi casa, pero obviamente hay expresiones de afecto que valoro de mi esposa que no busco en mis compañeros de trabajo. Por eso esperaría que mis lenguajes preferidos sean diferentes en los dos tipos de relaciones". En cambio, muchas personas dicen que sus principales lenguajes del amor y del aprecio son los mismos, pero que los lenguajes secundarios cambian según el contexto.

En un estudio con un ayudante de cátedra de una universidad, encontramos que solo el 38% de los participantes tenía el mismo lenguaje principal tanto en el **Inventario MMA** como en el cuestionario sobre los cinco lenguajes del amor. *Así que para la mayoría de los miembros de este grupo, los lenguajes principales no eran los mismos.* Sin embargo, cuando observamos los resultados con mayor detalle, descubrimos lo siguiente. Para el 69% de los profesores universitarios, el principal lenguaje del amor era su principal lenguaje del aprecio o el secundario. Es decir, si el *Tiempo de calidad* era su lenguaje del amor más importante, el *Tiempo de calidad* era el lenguaje del aprecio que estaba primero o segundo en importancia. Y los resultados fueron básicamente los mismos cuando estudiamos la otra correlación. Si las *Palabras de afirmación* era el lenguaje del aprecio más importante de una persona, el 67% de las veces era el lenguaje del amor que estaba primero o segundo en importancia. Estos resultados confirmaron lo que creíamos, como también las percepciones que los trabajadores nos comentaron sobre sí mismos.

Podemos concluir diciendo que es razonable esperar que el lenguaje del aprecio preferido por un individuo varíe significativamente con el paso del tiempo en respuesta a distintos acontecimientos o etapas de la vida y a los individuos con los que interactúa. De manera similar, la mayoría de las personas tendrá algunas cosas en común con respecto a sus lenguajes preferidos en su círculo íntimo y en el ámbito laboral, pero con frecuencia habrá diferencias en los contextos de las relaciones.

REFLEXIÓN PERSONAL

1. *¿Puede recordar circunstancias de su vida personal en las que su principal lenguaje del aprecio pareció cambiar? ¿Cuáles fueron las circunstancias que estimularon ese cambio?*

2. *Si ha tenido un acontecimiento personal doloroso en su vida, ¿cómo lo apoyaron sus colegas durante esa etapa? ¿Le pareció significativo el apoyo de ellos?*

3. Si ha observado un cambio en su principal lenguaje del aprecio o en los pasos que le gustaría que otros siguieran por usted, ¿dio a conocer esa información a las personas con quienes trabaja?

4. ¿Puede identificar dinámicas personales entre usted y un colega que lo lleven a ser poco receptivo en cuanto a las muestras de aprecio del otro?

5. Al comparar a su supervisor actual con algún supervisor anterior, ¿observa alguna diferencia entre el lenguaje del aprecio que esperaba de cada uno de ellos? ¿Por qué cree que es así?

14

Cómo superar los retos

L a pregunta no es: "¿Aprecia usted a sus compañeros de trabajo o a los que trabajan bajo su supervisión?". La verdadera pregunta es: "*¿Se sienten* ellos apreciados?". Nuestra experiencia nos llevó a la conclusión de que hay miles de personas que trabajan en lo que consideran un "entorno ingrato". En muchos casos, los gerentes y colegas desconocen esos sentimientos. Observan que el empleado hace su trabajo de manera satisfactoria y eso es lo único que esperan. Sin embargo, este trabaja con poco entusiasmo y probablemente esté rindiendo muy por debajo de su potencial.

Si apreciar y alentar a los que trabajan con nosotros fuera sencillo, todos estarían felices en la empresa. No habría necesidad de este libro ni de un enfoque estructurado para motivar mediante el aprecio. La verdad es que existen retos que representan obstáculos para que expresemos la gratitud hacia nuestros colegas de manera eficiente. Algunos son temas internos: actitudes, pensamientos y creencias. Otros retos son externos y se relacionan con procedimientos y estructuras empresariales.

Es necesario enfrentar estos retos de manera realista; y creer que se pueden superar. A continuación enumeramos algunos de los retos más comunes y nuestras sugerencias sobre cómo resolverlos mientras se busca crear un ambiente laboral positivo.

RETO N.º 1: ACTIVIDAD CONSTANTE

En el trabajo que realizamos con las organizaciones, la razón número uno de que el aprecio no sea una parte habitual en la comunicación es la actividad constante de los miembros del equipo laboral. Este puede ser el caso de gerentes, empleados o quienes trabajan con organizaciones de voluntarios. Casi todos se sienten exigidos en sus responsabilidades diarias. ¿Quién se queda sentado y trata de pensar qué hacer con todo su tiempo libre? No muchas de las personas que conocemos. ¿Por qué ocurre esto? Por lo menos, parte de la respuesta parece tener que ver con una de las siguientes cuestiones: a) no tener "margen" en nuestro día para interrupciones, problemas o retos imprevistos; b) expectativas muy elevadas y a menudo poco realistas de los gerentes, clientes o de los mismos trabajadores y c) presiones financieras en la economía global de la actualidad.

Independientemente del origen de la actividad, este problema es un obstáculo importante que se ha de superar si los gerentes y colegas quieren implementar con éxito los principios de la *Motivación Mediante el Aprecio*. Las personas necesitan tener el "espacio mental" de observar a los demás para poder apreciar lo que ellos están haciendo. También necesitan tener la energía emocional para analizar y planificar la mejor manera de expresar aprecio por un colega en particular. Sin un "espacio mental" físico y emocional disponible, nada cambiará.

Cómo superar la actividad constante

La principal manera de superar la actividad constante es establecer prioridades. Algunas cosas realmente son más importantes que otras. Si lo más importante no pasa a ser prioritario, el tiempo y la energía que invertimos en otros asuntos no producirán los resultados deseados.

Le recomendamos ampliamente dos libros excelentes de Stephen Covey, *Primero, lo Primero*[1] y *Los 7 hábitos de la gente altamente efectiva*[2]. Estos libros muestran un proceso útil para ayudar a los líderes y a los miembros del equipo laboral a identificar las prioridades que son más importantes para ellos e integrarlas a su rutina diaria y semanal. Si nuestras prioridades no se ven reflejadas en nuestros horarios, dejan de ser prioridades. El cuadrante de prioridades de Covey —importante/no importante, urgente/no urgente— nos ha sido útil a cada uno de nosotros en nuestra vida personal y profesional.

Creemos que, para los supervisores, empresarios y gerentes, dedicar tiempo y energía a mostrar aprecio por sus colegas y los que trabajan para ellos es una tarea importante que dará grandes dividendos para la organización y los servicios ofrecidos. Sin embargo, por lo general, la expresión del aprecio no conlleva una urgencia para muchos gerentes, y si no se planifica de manera deliberada, los asuntos cotidianos sin importancia pero que parecen urgentes pueden estorbar la disciplina de mostrar aprecio por su equipo laboral.

RETO N.° 2: LA CREENCIA DE QUE MOSTRAR APRECIO NO ES IMPORTANTE PARA SU ORGANIZACIÓN

Algunos líderes de organizaciones escuchan el concepto de los lenguajes del aprecio y la *Motivación Mediante el Aprecio*, y dicen inmediatamente: "Entiendo que podría ser bueno en algunas empresas, pero no funcionaría en la mía. A los trabajadores de la construcción no les gusta mucho dar las gracias o interesarse por cómo se sienten los demás". Hemos escuchado comentarios similares de diversos líderes de empresas del ámbito financiero, organizaciones de ventas, corporaciones incluidas en la lista de las 500 empresas estadounidenses principales según la revista *Fortune*, cadenas de restaurantes, talleres mecánicos y otros contextos laborales diversos. Curiosamente, los resultados de la investigación describen una situación distinta. Casi todos los estudios señalan el efecto positivo de las recompensas no monetarias sobre la vida de los trabajadores de casi todos los sectores industriales.

Lo que averiguamos es que el tipo de empresa u organización no es un factor importante. La verdadera cuestión es la mentalidad del propietario, director o supervisor. Si los líderes no sienten que el aprecio es importante, probablemente no verán la necesidad de expresar aprecio a los que trabajan para ellos. Si no se modifica esa mentalidad, sus empleados se verán obligados a vivir en una "comunidad ingrata" y a desear que las cosas fueran mejores.

Cómo superar la actitud que afirma: "El aprecio no es importante para mi organización"

Hemos descubierto que, en realidad, el modelo de *Motivación Mediante el Aprecio* se puede utilizar con éxito en prácticamente todos los contextos empresariales, independientemente de cuán "racional" o impulsada hacia el dinero sea la cultura. La variable más importante es que el líder o supervisor comprenda la necesidad de que los individuos se sientan valorados por el trabajo que realizan y las contribuciones que hacen para el éxito de la organización.

Por cada líder que reacciona negativamente, encontramos otros líderes del mismo sector que reconocen casi de inmediato el valor que tiene el hecho de que los empleados se sientan apreciados. Cuando escuchan hablar del **Inventario MMA** y el concepto de individualizar las expresiones de aprecio, se entusiasman por empezar. Hemos visto líderes de empresas (fábricas, empresas de construcción comercial y residencial), que tradicionalmente fueron "hombres duros", que decidieron incluir el aprecio como parte de la cultura de la compañía. Los resultados han sido altos niveles de lealtad de los empleados, bajo índice de rotación de personal y mejores índices de satisfacción laboral. Estas características pueden contribuir a que la compañía sea rentable económicamente.

Un ejecutivo de una empresa cambió de opinión. La primera vez que escuchó hablar sobre el concepto, dijo: "Realmente no me importa cómo se sientan mis empleados con el trabajo. Son individuos con empuje que se sienten motivados por la posibilidad del éxito económico, y hemos establecido un sistema para recompensarlos de esa manera". Más adelante, después de la debacle financiera mundial, volvió a contactarse con nosotros y nos preguntó: "Si existe alguna manera de alentar y motivar a nuestros empleados sin pagarles más dinero, estoy totalmente a favor de eso. ¿Cómo podemos empezar?".

En un mundo en el que a menudo se espera que los empleados trabajen más por menos dinero, aprender a expresar aprecio de manera significativa tal vez sea la diferencia entre el fracaso o el éxito de la compañía.

RETO N.° 3: SENTIRSE AGOBIADO POR LAS RESPONSABILIDADES EXISTENTES

Cuando trabajaba con voluntarios de una organización sin fines de lucro, uno de los miembros del equipo laboral dejó escapar un comentario en medio de su ansiedad: "Estoy totalmente a favor de esto del aprecio y creo que es una gran idea. Pero me agobia la idea de pensar en hacer un seguimiento de los lenguajes del aprecio y la lista de pasos a seguir con mi equipo. Agobiarme es lo único que puedo hacer para estar al día con mis responsabilidades actuales". Su sinceridad y franqueza fueron importantes para nosotros y le aseguramos que la comprendíamos.

Sentirse agobiado es más que estar ocupado; también implica un gran sentido de la responsabilidad. Algunas personas, ya sea durante circunstancias temporales o patrones de estilos de vida

> *Sentirse agobiado*
> *es **más que estar***
> ***ocupado**; también*
> *implica un **gran***
> ***sentido de la***
> ***responsabilidad**.*

más prolongados, pueden fácilmente sentirse sobrecargados. Sienten que expresar aprecio por sus compañeros de trabajo es otra responsabilidad que se agrega a una larga lista de tareas. Si se los presiona para participar del proceso de hacer el **Inventario MMA** y pensar seriamente en aprender a expresar aprecio de manera significativa, puede que les caiga mal la idea y sean negativos al respecto. Por eso, siempre alentamos a las empresas a permitir que la participación en el **Inventario MMA** sea voluntaria.

Cómo superar el obstáculo de la sensación de agobio de los miembros del equipo laboral

Lo siguiente va a parecer un comentario muy "psicológico", pero la primera y la mejor respuesta que usted le puede dar a un miembro del equipo laboral que se siente agobiado es reconocer y confirmar su perspectiva. Imite a un psicólogo lo mejor posible y diga: "¡Vaya! Parece que realmente se siente agobiado". Después escuche con interés mientras la persona se explaya y da las numerosas razones por las que se siente abrumada en ese momento.

Por otra parte, decirle: "Ay, vamos. No es nada del otro mundo. Solo le estamos pidiendo que haga lo que ya está haciendo", generalmente, no mejora las cosas. Hacer caso omiso de la exasperación que sienten y seguir con el plan suele producir resistencia o resentimiento. En algunas situaciones, después de desahogar sus sentimientos y sentir que su gerente los escucha, algunos empleados dicen: "La verdad es que no es nada del otro mundo; puedo hacer eso. Supongo que solo necesitaba desahogarme. De verdad quiero que mis compañeros de trabajo se sientan apreciados". En otras situaciones, la persona reacciona frente a lo que cree haber oído, no a lo que usted en verdad intentó expresar. Por eso, procure aclarar: "Déjeme asegurarme de que le quedó claro lo que le estoy pidiendo que haga y lo que no". Este proceso de clarificación puede disminuir la resistencia.

Sin embargo, es posible que otros miembros del equipo laboral necesiten que usted les dé la opción de no poner en práctica el plan en ese momento. Como mencionamos anteriormente, en nuestro trabajo con las organizaciones, proponemos que la participación en el proceso sea voluntaria en lugar de una directiva "verticalista". Esto fortalece el efecto de las acciones que las personas deciden llevar a cabo para alentar a otros. Los esfuerzos por respaldar a sus compañeros de trabajo no se perciben como algo que "se supone que deben hacer". Bien puede suceder que un empleado que hoy decide no participar en el **Inventario MMA**, decida hacerlo dos meses después. No intentamos obligar a las personas a hacer algo que no desean. Intentamos ayudar a quienes sinceramente quieren expresar aprecio y aliento por sus compañeros de trabajo de una manera más eficiente.

> *Bien puede suceder que un empleado que hoy decide **no participar** en el **Inventario MMA, decida hacerlo dos meses después**.*

RETO N.° 4: PROBLEMAS ESTRUCTURALES Y PROCESALES QUE INHIBEN LOS PATRONES DE COMUNICACIÓN EFICACES

Al trabajar con el equipo de una oficina, hicimos el seguimiento con mensajes de aliento por correo electrónico a los miembros del equipo laboral. Una de las empleadas respondió con un correo electrónico que decía: "Estoy tratando de alentar a Jimena, pero no la he visto esta semana. Trabajamos en turnos diferentes con poca superposición de horarios y cuando estamos juntas, generalmente trabajamos en distintas áreas. Por eso no tengo muchas oportunidades de interactuar con ella".

A veces existen cuestiones de logística que interfieren con el proceso de expresar aprecio a los demás. Horarios variables, pocas oportunidades naturales para la interacción, el trabajo en diferentes proyectos y vacaciones que no coinciden dificultan muchas veces la expresión de aprecio por determinados compañeros de trabajo.

También pueden existir retos estructurales por superar. Un reto planteado por quienes trabajan en una cultura corporativa más grande es el del gerente que tiene diez o más personas a su cargo. Es evidente que cuantas más personas estén bajo su responsabilidad, mayor será el esfuerzo necesario para mantenerse al tanto de cada lenguaje del aprecio y para encontrar el tiempo de hacerlo.

A veces una empresa está estructurada de tal manera que un miembro del equipo laboral de hecho tiene dos o más supervisores. Esto ocurre con mayor frecuencia cuando las responsabilidades trascienden los límites entre los departamentos. Aunque está bien que más de un supervisor aliente a ese empleado, la situación puede generar un vacío cuando nadie asume la responsabilidad de alentarlo.

Cómo superar los problemas estructurales y procesales

Los problemas estructurales pueden constituir uno de los retos más difíciles de superar, porque muchas veces están bastante arraigados en la estructura de la organización. No solo son problemas individuales, sino de naturaleza más sistémica. La respuesta puede exigir que supervisores y gerentes de mayor jerarquía trabajen en conjunto para encontrar una solución. Las preguntas que deben responderse son: "¿Cuál es la mejor manera de asegurarnos de que Claudia reciba aliento y muestras de aprecio de manera regular? ¿Quién es la persona más idónea para ofrecer ese tipo de comunicación y esos comentarios sobre su trabajo?".

Las respuestas a estas preguntas dejan fuera de debate la cuestión de "quién está bajo la supervisión de quién". El punto más importante es encontrar al miembro del equipo que tenga la oportunidad de observar y alentar a Claudia y de quien ella valore recibir ese tipo de comunicación.

En situaciones donde un gerente tiene numerosas personas a su cargo y hay demasiados en los que concentrarse a la vez, hemos logrado ayudarle a identificar una o dos personas con quienes empezar el proceso. Más adelante, se puede pasar a otros miembros del equipo laboral. Se puede seleccionar a los empleados ya sea porque son líderes fundamentales para la unidad

> *La verdadera pregunta que se debe responder es: ¿Cuál es la mejor manera de asegurarnos de que Claudia reciba aliento y muestras de aprecio de manera regular?*

corporativa, y "perderlos por causa del desaliento sería devastador para la organización", o bien pueden ser trabajadores que claramente se sienten desalentados o desvinculados de su supervisor y necesitan atención inmediata. Sin duda, elegir a una o dos personas para empezar el proceso de mostrar aprecio es mejor opción que sentirse agobiado y no hacer nada en absoluto.

RETO N.º 5: INCOMODIDAD PERSONAL PARA EXPRESAR APRECIO

Podemos ver esto de dos maneras. La primera es la postura de la vieja escuela de algunos empresarios y gerentes: "¿Por qué debería agradecerles por hacer su trabajo? Para eso les pago". Descubrimos que esta actitud a veces proviene de líderes mayores, que vivieron la época de la Gran Depresión, y de otras personas que consideran que son líderes gracias a sus propios esfuerzos. Estos individuos fueron educados en circunstancias difíciles, a menudo con poco apoyo familiar, y el éxito en su ámbito se debe en gran medida a su esfuerzo y perseverancia, y a sus agallas. Esos líderes son inflexibles y generalmente no ponen mucho énfasis en las relaciones o los sentimientos. Consideran que la responsabilidad es una virtud fundamental y no esperan que otros les den las gracias o muestren aprecio. Hacen lo que hacen porque "deben hacerlo" y "hay que hacerlo". Por consiguiente, tienden a dar poca importancia a las muestras de aprecio de ningún tipo.

Una variación de esta postura se da entre los profesionales jóvenes con mucho empuje. Hemos sentido la resistencia de profesionales esforzados y brillantes de la generación X y la generación del fin del milenio. Una mujer joven nos comentó: "Tengo iniciativa propia y siempre hago lo mejor. No espero elogios por hacer mi trabajo y creo que todo este proceso es irrelevante".

> *Una mujer joven nos comentó: "Tengo iniciativa propia y siempre hago lo mejor.* **No espero elogios por hacer mi trabajo".**

La segunda versión de la incomodidad personal para mostrar aprecio proviene de individuos que tienen dificultades para comunicarse a nivel personal. Esos líderes y gerentes se centran en los hechos y las tareas. Les encanta "finalizar el trabajo" y a menudo son supervisores excelentes en el sector de la producción. Estas personas normalmente no muestran mucho sus emociones más allá del enojo y la frustración cuando no se cumplen los objetivos. A veces pueden ser agradables y simpáticos, pero el énfasis está puesto en "solo en los hechos". Les resulta difícil expresar aprecio por sus colegas. Si lo hacen, puede parecer un comentario muy "al pasar". Con frecuencia, sus dichos son breves: "Gracias", "Bien hecho, Luisa", "Buen trabajo, Marcos". Después pasan al próximo objetivo por alcanzar.

Estos empleados a menudo no tienen un repertorio amplio de expresiones emocionales. Son agradecidos, pero sencillamente no piensan en dar a conocer sus ideas o sentimientos a los demás. Por lo tanto, a menos que se los aliente a hacerlo, rara vez expresan aprecio por sus compañeros de trabajo.

Cómo superar la incomodidad personal

Los empleados que no parecen valorar de manera intrínseca el hecho de mostrar aprecio por sus colegas, tal vez, nunca cambien su punto de vista. Algunas personas han adoptado una postura sobre un tema y no están abiertos a analizar nuevas ideas. Tratar de obligarlos a cambiar probablemente sea una pérdida de tiempo y energía, y hacerlo solo provocará frustración.

Sin embargo, algunas de esas personas están "dispuestas a escuchar los hechos". Las investigaciones señalan que expresar aprecio por los empleados disminuye las posibilidades de que se vayan, aumenta la satisfacción del cliente y a veces mejora la productividad.[3] Una vez que ven los beneficios, estos líderes están dispuestos a apoyar con entusiasmo el proceso de establecer un ambiente en el que se muestre aprecio en su organización.

Si necesita una herramienta útil, busque: "Los verdaderos hombres no necesitan recibir aliento (Falso)" del Conjunto de herramientas del aprecio, que figura al final del libro.

Otros líderes, tal vez, estén dispuestos a "hacer un experimento", aunque solo sea para demostrar que usted está equivocado. Creemos que si un grupo de trabajo está dispuesto a hacer el **Inventario MMA** y hablar sobre los resultados con los demás, un número significativo de personas expresará aprecio y de ese modo establecerá un equipo de trabajo más positivo y productivo. Cuando los líderes ven los resultados, es probable que alienten a otros departamentos a hacer lo mismo.

Un segundo grupo de personas que manifiesta incomodidad es el compuesto por los que son más introvertidos, tienen menos aptitudes sociales y no están tan enfocados en las relaciones. Para estos individuos, la tarea es encontrar las acciones de aliento y aprecio que existen dentro de los parámetros generales en los que se sienten cómodos. Estos miembros del equipo laboral necesitan más estructura, aliento y supervisión para asegurarse de que realmente cumplen con el plan. Para que ellos puedan mostrar aprecio con éxito a sus colegas, necesitan comenzar con "pequeños pasos"; aquellas acciones que se encuentran claramente dentro de su actual repertorio de comportamientos. Necesitan ser elogiados y alentados por toda acción que se asemeje al comportamiento deseado. Por supuesto, su manifestación de aprecio por el esfuerzo debe expresarse en el lenguaje del aprecio que ellos prefieran.

RETO N.° 6: EL "FACTOR RAREZA"

Uno de los retos más interesantes con los que nos encontramos al trabajar con empresas y organizaciones en el tema de los lenguajes del aprecio es lo que hemos dado en llamar el "factor rareza". Esta "rareza" proviene del hecho de que todos están escuchando información sobre cómo alentar a sus colegas y mostrar aprecio por ellos, y cada uno de ellos está trabajando en un plan para implementar los conceptos en sus relaciones laborales cotidianas... ¡con los demás! Muchas veces, en ese punto alguien que está en la sala dice: "Estoy de acuerdo con ustedes en que necesitamos hacer esto y quiero empezar a utilizar lo que nos enseñaron. Pero parece un poco raro, porque todos vamos a empezar a alentarnos entre nosotros y a hacer cosas para ayudar a nuestros compañeros de trabajo... pero todos sabemos que es parte de este entrenamiento. Por eso puede parecer un poco falso". Y por lo general, la mayoría asiente con la cabeza o expresa con palabras que está de acuerdo.

Parece haber dos cuestiones que se deben abordar aquí. En primer lugar, está la incomodidad de empezar a relacionarse de una manera un poco diferente con nuestros colegas, dado que todos saben que el impulso se inició por el concepto y el entrenamiento de los lenguajes del aprecio. Muchas veces, esto conduce a una vacilación a la hora de empezar a mostrar aprecio o aliento debido al temor de parecer falso o poco sincero. "Van a pensar que solo lo hago porque tengo que hacerlo; que solo es un proyecto para mí" es un comentario que a veces oímos.

La segunda cuestión del "factor rareza" es el riesgo de que el receptor deseche el acto de aliento del otro por no considerarlo genuino o por creer que sus compañeros "lo están haciendo para quedar bien delante del jefe". Si las personas no son cuidadosas, pueden cuestionar la sinceridad de las intenciones de sus colegas.

Por lo tanto, existe una sensación de "rareza" creada internamente tanto en la persona que *toma la iniciativa* en un acto de aliento como en la persona que puede *recibir* un mensaje de aprecio. La combinación de estos dos patrones de pensamiento, si no es abordada, puede ser fatal para el proceso: nadie hace nada por el temor de que los demás juzguen sus actos como no auténticos ni genuinos.

Cómo superar el "factor rareza"

Hemos descubierto algunos pasos muy simples que se pueden dar para disminuir, en gran medida, el "factor rareza". En primer lugar, *lo reconocemos.* Como parte del proceso de desarrollar pasos para cada miembro del equipo laboral, si el tema no surgió, lo planteamos. "Ya saben, descubrimos que muchas veces cuando empezamos a hablar sobre cómo aplicar los conceptos del aprecio, las personas empiezan a sentirse un poco raras por el hecho de que todos estén trabajando al mismo tiempo en alentar a los demás...". De hecho, se observa y percibe que el nivel de ansiedad en la sala baja significativamente. (En los círculos de psicología, esto se denomina "normalización": ayudar a que las personas se den cuenta de que lo que están experimentando es normal. Esto los anima a aceptar su situación y sus reacciones más fácilmente).

En segundo lugar, *relacionamos la experiencia con las experiencias anteriores de la vida.* Cada vez que las personas intentan hacer algo nuevo o diferente, el nuevo comportamiento puede parecerles algo extraño o poco natural. No "fluye" de entrada.

(Hay muchos ejemplos: aprender a controlar la pelota de básquetbol, ajustar nuestro golpe de golf, cambiar nuestro vestuario o peinado, comenzar un programa de ejercicios con un entrenador físico). Alentamos a las personas a que comprendan y acepten la rareza inicial, pero también a perseverar y luchar contra ella —que por lo general, se desvanece bastante rápido.

También aportamos herramientas para superar la rareza. Puede ser tan sencillo como ofrecer al equipo laboral una oración de ejemplo, como: "Sé que tal vez usted piense que hago esto solo por el entrenamiento sobre los lenguajes del aprecio que estuvimos haciendo, pero en realidad yo...". Poner la inquietud sobre el tapete normalmente neutraliza el problema. Y también alentamos el uso del humor para distender la situación. Cuando una persona es receptora de una demostración de aprecio y es evidente para ambas partes que esta surgió desde el entrenamiento, alentamos a los miembros del equipo laboral a decir algo así como: "Gracias, me siento *mucho* mejor ahora: como si me valoraran y apreciaran" (con una sonrisa, no con un tono sarcástico). Normalmente hay muchas risas cuando los colegas comienzan a usar los distintos lenguajes del aprecio y los pasos específicos de la lista de sus compañeros de equipo.

Por último, *alentamos a todos a permitir el beneficio de la duda a sus compañeros de trabajo y aceptar sus actos como genuinos.* Seamos sinceros: se requiere algo de coraje para adoptar una nueva idea e intentar que funcione en sus relaciones de trabajo cotidianas. Pero tener actitud y pensamientos positivos, como: *Bueno, por lo menos lo están intentando; aprecio el esfuerzo* produce interacciones provechosas en todos lados.

De hecho, más adelante durante el proceso de entrenamiento, oímos reiteradas veces comentarios, como: "Tengo que decirle que al principio pensé que todo este proceso era algo extraño: un poco 'sensiblero' para mí. Y al principio, aunque sabía que mis colegas estaban diciendo y haciendo cosas porque era parte de este proyecto, me sentía realmente bien. Me gustaba escuchar las cosas agradables que me decían". (Para más información sobre este tema, por favor, vea "Cómo reconocer y manejar el factor rareza" del Conjunto de herramientas del aprecio que se encuentra al final de este libro).

En resumen...

Seríamos intelectualmente deshonestos si afirmáramos que la *Motivación Mediante el Aprecio* es un proceso sencillo para todas las personas y en todos los contextos. Es evidente que no es así. Hay algunos trabajadores para los cuales alentar a los colegas será un reto a superar para su desarrollo. Algunos entornos laborales tienen características intrínsecas que dificultan la manifestación del aprecio.

Sin embargo, no hemos encontrado ninguna compañía u organización sin fines de lucro en la que no pueda funcionar el concepto de *Motivación Mediante el Aprecio*. El reto muchas veces requiere pensamiento creativo y resolución de problemas, pero los problemas no son insuperables. Creemos que vale la pena hacer el esfuerzo de involucrar a los que trabajan en estrecha colaboración con usted para mejorar el nivel de efectividad a la hora de expresar aprecio por el otro.

REFLEXIÓN PERSONAL

1. *En una escala de 0-10, ¿hasta qué punto es la actividad constante un obstáculo para implementar el concepto de Motivación Mediante el Aprecio? Si la actividad continua es un problema importante para usted, ¿consideraría el hecho de aprender a expresar aprecio eficazmente como una de sus prioridades para los próximos seis meses?*

2. *En una escala de 0-10, ¿hasta qué punto siente que la Motivación Mediante el Aprecio mejoraría el ambiente laboral de su organización? Si se siente profundamente motivado, ¿qué haría usted para alentar a los demás a sumarse a esa búsqueda?*

3. *¿Siente que la Motivación Mediante el Aprecio no funcionará en su organización? ¿Por qué? ¿Estaría dispuesto a hablar sobre el concepto con al menos uno de sus colegas y pedirle su opinión?*

4. *En una escala de 0-10, ¿cuán agobiado se siente con respecto a sus responsabilidades actuales? Si se siente muy agobiado, tal vez no sea el mejor momento para pensar en tratar de llevar a la práctica el concepto de MMA. Sin embargo, tal vez, le interese aprender el principal lenguaje del aprecio de por lo menos un compañero de trabajo en un intento de expresar aprecio por esa persona de manera más eficaz.*

5. *¿Ha descubierto problemas estructurales o de procedimiento que obstaculicen los patrones eficaces para expresar aprecio en su organización? De ser así, tal vez, le convenga llevar a la práctica alguna de las sugerencias de este capítulo para superar esos problemas.*

6. *En una escala de 0-10, ¿cuánta incomodidad emocional siente ante la idea de expresar aprecio por sus colegas? Si su nivel de incomodidad es alto, ¿puede identificar por qué? ¿Qué podría hacer usted para reducir su nivel de incomodidad? Recuerde que es preferible dar "pequeños pasos" que no dar ninguno.*

15

Qué hacer cuando usted no aprecia a los miembros de su equipo laboral

Una vez, al presentar el modelo de *Motivación Mediante el Aprecio*, el líder de una organización preguntó: "Pero ¿y si en realidad no aprecio a los que trabajan para mí?". Lo primero que pensamos fue que estaba haciendo una broma, pero su siguiente afirmación demostró que hablaba con total seriedad: "No, de verdad; ¿qué se supone que tengo que hacer si hay personas de mi equipo laboral a las que no aprecio? No estoy satisfecho con el trabajo que hacen". Esta es la pregunta que queremos responder en este capítulo.

Hemos descubierto que la falta de aprecio por los miembros del equipo de trabajo se debe a razones tanto internas como externas. Las razones internas se encuentran dentro de nosotros mismos, mientras que las razones externas son diversos factores del contexto laboral en sí que hacen que nos resulte difícil sentir aprecio por un colega en especial. En primer lugar, analicemos los asuntos internos.

CÓMO RESOLVER NUESTROS PROPIOS ASUNTOS

Una de las razones más comunes por las que no sentimos aprecio por quienes trabajan con nosotros es que tenemos expectativas poco realistas sobre ellos. Por una serie de motivos, algunos individuos tienen expectativas muy elevadas. A veces, esto incluye expectativas elevadas sobre sí mismos. En otras ocasiones, el foco se centra más en otros. Puede que los que tienen expectativas elevadas sobre sí mismos tengan una autoestima muy elevada o una autoestima muy baja. Si alcanzan sus objetivos constantemente, es probable que se sientan orgullosos y bien consigo mismos, y crean que tienen mucho éxito. Sin embargo, si nunca logran estar a la altura de sus propias expectativas, puede que esa experiencia termine por desanimarlos. Estas personas piensan: *No di lo mejor de mí en este proyecto. No me gusta cómo salió. Sé que puedo hacerlo mejor,* y rara vez sienten que tienen éxito porque no se permiten celebrar nada menor que la perfección.

> *Una de las razones más comunes por las que no sentimos aprecio por quienes trabajan con nosotros es que tenemos expectativas poco realistas sobre ellos.*

Cuando las expectativas elevadas se centran en nuestros colegas o en las personas que trabajan bajo nuestra supervisión, tal vez, estemos esperando más de lo que ellos pueden dar. Por lo tanto, no importa lo que haga la persona, no es "suficientemente bueno" para nosotros. No nos satisface el producto final. Quizá hagamos críticas o sugerencias sobre cómo podría hacerse la tarea con mayor eficiencia y rapidez, o a un menor costo.

Algunas de las personas que tienen expectativas elevadas sobre los demás son personas con mucho empuje que suelen tener bastante éxito. Puede que sean empresarios, gerentes, colegas, clientes o proveedores. Debido a que tienen empuje, naturalmente conducen a otros y a veces son muy dominantes.

Por otra parte, algunas personas que tienen expectativas elevadas para los demás tan solo tienen una personalidad crítica. Ellos no necesariamente tienen éxito. De hecho, tal vez valoran demasiado sus conocimientos y destrezas. Criticar a los demás forma parte de su estilo de vida. Estas personas nunca tienen una buena relación con otros por una simple razón: a nadie le gusta que lo critiquen constantemente. (Si usted ve que encaja en esa categoría, le sugerimos que encuentre un consejero competente lo antes posible, alguien que lo pueda ayudar a entenderse mejor a sí mismo, entender qué motiva sus críticas y cómo modificar ese patrón destructivo para relacionarse con los demás).

Si usted ve que no está satisfecho con el nivel de desempeño de varias personas que trabajan bajo su supervisión, sería aconsejable que hiciera una evaluación sincera de usted mismo y vea si tiene expectativas poco realistas y demasiado elevadas. Si usted responde rápidamente "No, solo tengo normas elevadas", tal vez, se esté apresurando a sacar una conclusión equivocada. Le sugerimos que le pida a un amigo que sea sincero con usted sobre esta pregunta: "¿Crees que tengo expectativas poco realistas sobre los demás? Por favor, dame tu opinión sincera". Si realmente se lo toma en serio, puede hacer la misma pregunta a dos o a tres amigos cercanos en forma privada. Tome en serio sus respuestas, porque si sus expectativas de verdad son poco realistas, nunca podrá alentar a los demás porque nadie podrá satisfacerlo. Solo hay una respuesta: tiene que minimizar sus expectativas para apreciar con sinceridad el esfuerzo de los que usted supervisa.

Otra razón por la que las personas no aprecian el trabajo de los demás es la *irritabilidad personal*. Reaccionamos de manera negativa con alguien, no porque no está haciendo su trabajo, sino porque hay algo en ellos que nos molesta. Puede que la irritabilidad se origine en algún aspecto de la personalidad de los demás. Para usted, tal vez, ellos "hablan demasiado" o "no pueden mantener una conversación". Puede ser que el espacio de trabajo de ellos se vea siempre desordenado, o quizá a usted le moleste el hecho de que permanentemente lleguen diez minutos tarde y se retiren diez minutos antes. Tal vez le fastidie que siempre parezcan estar muy felices. No puede creer que alguien esté tan feliz todo el tiempo. O a la inversa, tal vez usted diga para sí: "Todos los días parece que se acaba de morir su mejor amigo".

> *La verdad es que **las personas son diferentes**. En el contexto laboral, la pregunta es: "¿**Hacen su trabajo** de manera satisfactoria?".*

La causa de la irritabilidad quizá provenga de la manera en que los demás hacen las cosas. Cómo enfrentan una tarea es exactamente contrario a la manera en que usted aborda la misma tarea. Tal vez, le moleste que a ellos les guste escuchar música mientras trabajan. El pequeño auricular que se asoma de su oído lo lleva a pensar que no le dedican su total atención al trabajo. Cada vez que ve el auricular, se siente mal. O tal vez, le desagrada su manera de vestir. En su opinión, su vestimenta es inapropiada para su trabajo.

A veces, se trata simplemente de que el estilo de vida de la persona es diferente al suyo. Usted no puede imaginar por qué se ponen aros en la nariz o tienen tatuajes en los brazos o un peinado que, para usted, es salvaje. En ocasiones, son las diferencias generacionales las que nos molestan. A una madre soltera de mediana edad le molesta el joven "macho" soltero que actúa como si el mundo girara a su alrededor.

Hay muchas cosas que pueden hacer que nos sintamos irritables. Esto sucede en todas las relaciones humanas. La verdad es que las personas son diferentes. En el contexto laboral, la pregunta es: "¿Hacen su trabajo de manera satisfactoria?". Si la respuesta es "sí", usted puede expresar aprecio por el trabajo de ellos con sinceridad, aunque tal vez se sienta mal por otras cuestiones. Si la respuesta es "no" y usted es el supervisor, tal vez necesite abordar el problema del desempeño laboral.

La verdad es que no podemos cambiar la personalidad de los individuos ni su estilo de vida de modo que todos se parezcan a nosotros o actúen como nosotros. Tenemos que aceptar las diferencias y buscar maneras de estimular a las personas cuyo comportamiento tal vez nos irrita de verdad, pero cuyo desempeño laboral es positivo.

Otra razón por la cual a algunos supervisores les cuesta expresar aprecio es que tienen *información insuficiente*. Hemos descubierto que algunos no aprecian a los miembros del equipo laboral que no supervisan de manera directa, porque no llegan a entender totalmente las responsabilidades de esas personas. Falta información debido a modelos de comunicación deficientes dentro de la organización. Roberto, un supervisor, dijo:

—No entiendo qué es lo que hace Cristian. Lo único que veo es que va de aquí para allá y de una oficina a otra. Pensé que era nuestro empleado de sistemas. ¿No tendría que estar en su oficina asegurándose de que el sistema esté funcionando correctamente?

Alejandro, el director de informática, le respondió a Roberto:

—Cristian es nuestro especialista en redes, y su responsabilidad principal es asegurarse de que la computadora de cada persona esté conectada a la red de manera adecuada para que pueda comunicarse con los demás. El motivo por el que lo ve yendo de un lugar a otro es que está respondiendo a las llamadas de ayuda de las personas a las que no les funciona bien la computadora. Va a verlos en persona; escucha cuál es el problema y lo soluciona. Está haciendo exactamente lo que tiene que hacer. Y lo está haciendo bien.

—Ahhhhh. Está bien, si eso es lo que tiene que estar haciendo. ¡Excelente! —respondió Roberto, algo avergonzado.

Si tiene alguna pregunta para hacerle a alguien que no trabaja bajo su supervisión directa, siempre es aconsejable hablar con la persona que supervisa a ese empleado. Tal vez, descubra que su inquietud se debe simplemente a la falta de información. Cuando Roberto se encontró con Cristian en el pasillo dos días más tarde, le dijo: "Cristian, escuché buenos comentarios de Alejandro acerca de su trabajo. Aprecio lo que está haciendo por la compañía". Cristian se sintió valorado. Roberto pudo expresarle aprecio genuino, porque se tomó el tiempo para obtener información.

Puede haber otros temas internos que impidan que las personas den muestras auténticas de aprecio, pero estas son los tres más comunes que hemos encontrado. Ahora veamos los asuntos externos.

SI EL PROBLEMA ES EL DESEMPEÑO...

Muchas veces, encontramos que un gerente no está satisfecho con un miembro del personal por una buena razón. Eso no se relaciona a un patrón interno de pensamiento de su parte. Existe un factor objetivo que genera una falta de aprecio del gerente por su colega. Es muy posible que el empleado no esté haciendo el trabajo de manera adecuada. Eso ocurre en casi todas las organizaciones. Algunos individuos sencillamente no hacen su trabajo en un nivel de calidad aceptable.

Tal vez existan muchas razones para ese modelo de bajo desempeño. A continuación detallamos los factores más comunes que hemos descubierto. En primer lugar, el empleado quizá tenga *problemas personales en su hogar*. Es bien sabido que cuando las personas pasan por un divorcio, su desempeño laboral se ve afectado negativamente. Cuando los adultos tienen hijos implicados en problemas con la ley o consumen drogas, eso tiene un efecto negativo sobre el desempeño laboral de dicho empleado. Puede que un adulto soltero, que recientemente terminó una larga relación sentimental, se distraiga y no cumpla con sus responsabilidades laborales.

Por otra parte, el empleado quizá tenga *problemas físicos*. Aquellos que sufren dolores crónicos o toman medicamentos por diversas enfermedades pueden tener dificultades en el trabajo que quizá no sean fácilmente reconocibles para los demás.

O tal vez, algunos empleados sencillamente tengan *poca ética laboral.* Llegaron a una actitud que expresa: "Solo hago lo necesario". Quizá solo están soportando el trabajo para llevar comida a la mesa.

Un gerente no tiene forma de saber qué ocasiona un desempeño deficiente a menos que le pregunte al empleado. A muchos no les gusta la confrontación y pasan meses evitando el problema de un empleado que tiene un desempeño deficiente. Por desgracia, eso no resuelve la situación; por lo general, el gerente se siente cada vez más frustrado. Está claro que le resultará difícil mostrar aprecio por ese trabajador.

> *A muchos gerentes* **no les gusta la** *confrontación* y *pasan meses* **evitando el** **problema** *de un empleado que tiene un desempeño deficiente.*

Nuestra sugerencia es que el gerente tenga una conversación abierta y sincera con la persona. El enfoque tiene que ser amable, pero directo. Tal vez pueda decir algo así: "Luis o Isabel, observé que hace algunas semanas no estás trabajando en tu máximo potencial. Eso me preocupa. Sé que probablemente haya una explicación y por eso quería hablar contigo. ¿Tienes algún problema personal que contribuya a una disminución en tu desempeño? Si es así, quiero hacer algo para ayudarte". Un enfoque tan comprensivo, probablemente, logre que el gerente obtenga una respuesta sincera.

Con esa información, puede ayudar al empleado. Una gerente que tuvo una conversación con una asistente administrativa descubrió que el hijo de la empleada consumía drogas. Pudo ayudarla a encontrar un tratamiento de rehabilitación para su hijo que ella pudiera costear, y con ello afianzaron la amistad entre ellas, y mejoró la productividad de la empleada. De esta manera, la gerente pudo expresarle genuino aprecio. Por su parte, la asistente administrativa también manifestó un legítimo aprecio por su jefa.

Una segunda razón por la cual las personas no tienen un

desempeño satisfactorio es que *no recibieron un entrenamiento adecuado para cumplir con sus responsabilidades*. A lo largo de nuestra experiencia, descubrimos que esa es una razón común del bajo desempeño laboral. El supervisor suponía que el empleado tenía la habilidad y los conocimientos básicos o creyó que lo adquiriría por su propia cuenta. A las pocas semanas o pocos meses, los colegas se dan cuenta de que el empleado no realiza la tarea de manera satisfactoria. Muchas veces, el supervisor no advierte esa realidad, porque supone que el departamento de Recursos Humanos hizo un análisis adecuado de los antecedentes de los nuevos empleados. Sin embargo, pocos empleados llegan el primer día de trabajo con todas las destrezas y la información necesarias para realizar su tarea adecuadamente.

Cuando un supervisor se da cuenta de que la persona no tiene la información o el entrenamiento necesarios para realizar el trabajo, la respuesta más positiva es ofrecer esa capacitación, la cual puede realizarse en diferentes lugares. Tal vez, signifique permitirle al empleado trabajar junto a otro empleado con mayor habilidad durante unos días para recibir entrenamiento en el lugar de trabajo. O tal vez, exija que el empleado —fuera del horario de la oficina y con dinero de su propio bolsillo— tome clases en un instituto técnico local donde aprenda las habilidades que se exigen en el trabajo. Si el empleado no está dispuesto a aceptar el entrenamiento ofrecido, en nuestra opinión, el supervisor no tiene más remedio que iniciar el proceso de despido.

En el mundo de hoy, la mayoría de los empleados están dispuestos a aceptar las oportunidades de entrenamiento para conservar su trabajo. Una vez que un gerente ve que la persona toma la iniciativa de aprender y como resultado eleva su nivel de desempeño, puede demostrarle aprecio sincero. En este punto, el empleado se siente alentado y motivado a seguir acercándose a su máximo potencial en el trabajo.

Una tercera razón común del desempeño laboral deficiente es que la organización *no cuenta con un proceso eficaz de eva-*

luación, comentarios, instrucciones y correcciones. En nuestro trabajo con empresas, uno de los déficits más comunes que observamos es la falta de procesos establecidos para evaluar el desempeño de los empleados, hacerles comentarios con regularidad y darles instrucciones para corregir determinadas deficiencias. Esto, inevitablemente, terminará en frustración, tanto para el miembro del equipo laboral como para el supervisor.

Todos nosotros tenemos "áreas en desarrollo". Los supervisores y miembros del equipo necesitan horarios regulares para comunicarse entre sí sobre qué se hace bien y qué se puede mejorar. Cuando no tiene lugar un proceso estructurado, por lo general, no existe este tipo de comunicación.

Por este motivo, el supervisor no estará satisfecho con el desempeño del empleado y, probablemente, tendrá muchas dificultades para expresar aprecio genuino. De hecho, se siente frustrado con él. Debido a que no existen horarios establecidos para hacer comentarios regulares, las semanas pasan mientras se intensifica la frustración del supervisor. El empleado puede o no conocer la insatisfacción de su jefe, pero seguramente no recibe palabras de aliento de su parte.

Si su compañía no cuenta con una evaluación del proceso de comunicación, sugerimos que usted hable con la persona en la empresa que supervisa su trabajo directamente. Hable sobre el concepto y deje que converse sobre el tema con sus supervisores. Si la inquietud surge de los empleados, los gerentes comerciales con su sabiduría estarán dispuestos a escuchar y probablemente comiencen un proceso de ese tipo.

Mientras tanto, un empleado puede pedir comentarios sobre su desempeño a su supervisor inmediato. Preguntar: "¿Qué estoy haciendo bien y qué puedo mejorar?" es un paso positivo. Esta es una manera informal para que el empleado reciba comentarios y escuche correcciones antes de que algo se transforme en un problema serio. La mayoría de los supervisores está dispuesta a hacer ese tipo de comentarios si el empleado lo requiere. Cuando ven sus esfuerzos por hacer cambios positivos, se disponen a empezar a dar muestras genuinas de aprecio.

Por otra parte, un gerente que no está satisfecho con el desempeño de un empleado también puede iniciar el proceso de manera informal, con solo decirle: "Me gustaría escuchar tus sugerencias sobre qué podría hacer yo para que tengas más éxito en tu puesto". Escuche con atención las sugerencias del empleado. Tal vez, le dé un indicio sobre el motivo de su desempeño deficiente. Si la sugerencia es razonable, póngala en práctica. En el marco de una conversación amable, puede hacerle comentarios sinceros al empleado con observaciones y sugerencias sobre lo que podría hacer para mejorar su desempeño laboral.

> *Preguntar:*
> *"¿Qué estoy*
> *haciendo bien* y
> *qué puedo*
> *mejorar?" es un*
> *paso positivo*.

Lo que queremos decir es que si la compañía no tiene un proceso de evaluación, comentarios e instrucciones correctivas, se puede llevar a cabo el proceso de manera informal. Una vez que el empleado responde de forma positiva, el gerente puede dar muestras genuinas de aprecio.

En resumen...

Hemos descubierto que alentar a grupos de empleados y supervisores a hacer el **Inventario de Motivación Mediante el Aprecio** muchas veces pone de relieve otros temas que se necesitan abordar. De hecho, alentamos abiertamente a los supervisores a no expresar palabras de aprecio si no valoran al miembro del equipo laboral con sinceridad. La mayoría de las personas tienen "receptores" muy sensibles de las formas de comunicación poco sinceras. Cumplir con las formalidades de mostrar aprecio cuando no hay un fundamento genuino hará verdaderos estragos en la relación entre el supervisor y el miembro del equipo.

Es mucho mejor esperar y lidiar con los problemas de raíz. Si el supervisor se da cuenta de que el problema es una cuestión que tiene que ver consigo mismo, tiene que identificar qué le impide manifestar aprecio genuino. (Por favor, véase: "¿Pueden ser contraproducentes los elogios?" del Conjunto de herramientas del aprecio que se encuentra al final de este libro).

Por otra parte, si el supervisor llega a la conclusión de que el problema es uno de los tres factores externos de los que hemos hablado, tiene que abordar los problemas personales del empleado, ofrecerle más entrenamiento o procurar establecer un proceso habitual para hacerle comentarios correctivos.

Unas últimas palabras: en el mundo corporativo actual, el entrenamiento ejecutivo se ha convertido en un enfoque popular para ayudar a los supervisores a analizar y resolver problemas relacionales. Un entrenador calificado puede colaborar con el gerente para evaluar cuán realistas son sus expectativas y ayudarlo a lidiar con los problemas personales que pueda tener con el empleado. La mayoría de los supervisores puede fortalecer sus aptitudes sociales con la ayuda de uno de esos entrenadores.

REFLEXIÓN PERSONAL

1. *¿Existen personas que trabajan bajo su supervisión a quienes le resulta difícil, si no imposible, expresar genuino aprecio?*

2. *Si usted no es gerente, ¿tiene compañeros de trabajo a los que sinceramente no aprecia?*

Asuntos internos

3. *¿Estaría dispuesto a hacer el siguiente ejercicio? Escriba el nombre de la persona a la que usted no aprecia en la parte superior de una hoja. (Tal vez, necesite más hojas para otros compañeros de trabajo). Reflexione sobre la posibilidad de que su falta de aprecio se deba a asuntos internos y responda las siguientes preguntas.*

   a. *¿Es posible que usted tenga expectativas poco realistas sobre el empleado?*

b. *¿Su falta de aprecio surge de cosas que lo irritan de esa persona? Si la respuesta es sí, ¿qué cosas específicas lo irritan?*

- *¿Es probable que la persona pueda cambiar y de hecho cambie esas cosas que lo irritan?*

- *¿Piensa que puede llegar a aceptar esos factores simplemente como una parte de lo que ella es y valorarla por su trabajo, aunque algunas cosas le resulten irritables?*

c. *¿Es posible que su irritabilidad se deba al hecho de que usted no tiene información sobre lo que se supone que tiene que hacer el empleado en su trabajo? Si la respuesta es sí, ¿cómo puede usted obtener esa información?*

Asuntos externos

4. *¿Ha llegado a la conclusión de que el motivo por el que usted no puede manifestar aprecio a alguien es que esa persona sencillamente no está haciendo su trabajo de manera adecuada? Si la respuesta es sí, ¿estaría dispuesto a conversar con el empleado para averiguar qué le impide alcanzar su máximo potencial?*

5. *¿Es posible que la persona no haya recibido el entrenamiento adecuado para cumplir con sus responsabilidades? Si ese es el caso, ¿qué medidas podría usted tomar para ayudarlo a obtener el entrenamiento que necesita?*

6. *Si su organización no tiene un proceso eficaz de evaluación, comentarios e instrucciones correctivas, ¿qué medidas formales o informales podría tomar usted para llevarlo a cabo en su organización?*

7. *Si usted es supervisor, ¿ha considerado la posibilidad de tener algunas sesiones con un entrenador ejecutivo a fin de mejorar sus propias aptitudes de liderazgo?*

Ahora es su turno

Expresar aprecio y aliento a los compañeros de trabajo es una herramienta poderosa para tener una influencia positiva en su organización, independientemente de su jerarquía dentro del sistema. Sin embargo, somos bien conscientes de que la capacidad y la disposición de mostrar aprecio y expresar aliento no es una panacea que resuelva todos los retos del lugar de trabajo.

Reconocemos que un entorno laboral saludable se caracteriza por una serie de factores, entre los que se incluyen:

- Empleados de alta calidad.
- Destrezas de comunicación eficaz y procedimientos establecidos para facilitar la comunicación con regularidad.
- Relaciones de confianza.
- Visión y metas en común entre los miembros del equipo laboral.
- Procesos y procedimientos estandarizados, entre los que se incluyen las normas que deben cumplirse y el monitoreo continuo del desempeño.
- Métodos saludables para la corrección y resolución de conflictos.

- Claras líneas de responsabilidad, incluidas la rendición de cuentas y las recompensas por los resultados obtenidos.

Cuanto mayor sea el número de estas características en una organización, más probable será que esta cumpla con sus metas, y los miembros del equipo disfruten de su trabajo.

También sabemos que ninguna organización es perfecta. Cada una tiene sus propias fortalezas y debilidades. Pero hemos descubierto que cuando cada empleado o voluntario se dedica a expresar aprecio y aliento de la manera más significativa para cada miembro de su equipo, suceden cosas buenas:

- Las interacciones entre colegas toman un tono más positivo.
- Las tensiones que han existido en las relaciones comienzan a disminuir.
- Los empleados (y voluntarios) afirman que el entorno laboral se convierte en un lugar más placentero.
- Los miembros de alta calidad del equipo laboral (incluidos los voluntarios) permanecen más tiempo en la organización.
- El trabajo producido es de mayor calidad.
- Los clientes comienzan a manifestar mayores niveles de satisfacción en sus interacciones con la organización.

EL APRECIO, LAS VITAMINAS Y LOS ANTIBIÓTICOS

Ahora pasaremos a hacer una descripción gráfica que nos ha resultado útil para ejemplificar el poder del aliento y el aprecio en la transformación de las relaciones laborales. El uso sistemático del aliento (acercarse a un miembro del equipo y alentarlo a perseverar) y el aprecio (expresar un sentido de valoración por el trabajo que ha realizado y las cualidades del carácter que demuestra) se parece mucho a las vitaminas y los antibióticos.

Ambos son sustancias químicas que ayudan a nuestro cuerpo físico a mantener la salud. Tomar vitaminas regularmente es un hábito activo que proporciona los cimientos para obtener un cuerpo saludable. Los antibióticos son compuestos químicos que combaten la infección cuando hay una herida. Ambos tienen su rol a la hora de mantener nuestros cuerpos sanos.

Cabe aquí mencionar algunas características interesantes sobre las vitaminas y los antibióticos. En primer lugar, las sustancias químicas que componen las vitaminas o los antibióticos, generalmente, no tienen una potencia tal que una sola dosis satisfaga la necesidad del cuerpo (existen algunos antibióticos muy potentes, pero son la excepción más que la regla). Tomar una vitamina (o incluso una gran cantidad de ellas) una vez no influye mucho en su organismo. Su "poder" e influencia son el resultado de una serie de pequeñas acciones que ocurren sistemáticamente a través del tiempo. Tomar fielmente a diario un complejo vitamínico durante un largo período de tiempo puede contribuir a proporcionar las sustancias químicas que usted necesita para tener un cuerpo saludable. De igual manera, cuando se está incubando una infección, se requiere el uso repetido de antibióticos para sanar la herida o la enfermedad.

En segundo lugar, diferentes personas necesitan diversas sustancias en distintas cantidades para mantener una buena salud. No existe un complejo vitamínico "único" que satisfaga las necesidades de todos. Algunos necesitan más calcio; otros necesitan más hierro; y otros necesitan sustancias minerales bastante misteriosas. Y no existe un solo antibiótico que sea apropiado para matar todos los gérmenes y todas las bacterias que originan las infecciones. Un antibiótico tópico puede contribuir a sanar un corte en la piel de manera adecuada, mientras que se necesita otro tipo de antibiótico para combatir una faringitis. Y es fundamental usar la sustancia química apropiada en la situación apropiada. Si no lo hacemos, el cuerpo no obtiene los nutrientes o el apoyo que necesita para mantenerse saludable.

Finalmente, las vitaminas y los antibióticos no son nada drásticos. Es fácil olvidarse de tomar su vitamina o de aplicar el antibiótico a una herida. Y olvidarse de la dosis un día o dos probablemente no le ocasione un daño considerable. Pero si de manera constante y repetida se olvida de tomar las vitaminas que necesita, o deja de tomar su antibiótico tal como se lo recetaron, con el tiempo es casi seguro que su salud corporal se vea afectada negativamente.

Lo mismo sucede con el aprecio y el aliento. No parece que un solo acto de aliento vaya a cambiar el mundo o a tener un efecto real en la vida de un colega. Pero cuando el aprecio y el aliento se expresan sistemáticamente durante un largo período de tiempo, de manera significativa para cada persona, el efecto puede ser drástico. Y cuando una organización está compuesta de partes saludables que se comunican con eficacia, y cuando un organismo físico está equipado con defensas para combatir invasores enfermizos, eso puede constituir para ambos la diferencia entre sobrevivir a los tiempos difíciles y sucumbir ante una falta de salud generalizada.

"CÓMO LLEVARLO A LA PRÁCTICA": LA IMPLEMENTACIÓN DE LOS CONCEPTOS EN SU LUGAR DE TRABAJO

Es nuestro deseo que, independientemente de su puesto dentro de su organización, usted tenga en cuenta la información ofrecida en este libro y la implemente en sus relaciones cotidianas. Hemos visto que los empleados logran una influencia real en su lugar de trabajo cuando comienzan a alentar y mostrar aprecio por sus colegas. Si le resulta útil, podría hablar sobre su informe del **Inventario MMA** con su supervisor y alentarlo a estudiar más sobre el tema. Puede mostrarle el conjunto de herramientas de aprecio que se encuentra al final de este libro. Según nuestra experiencia, a menudo sucede que el supervisor se interesa, nos contacta y comienza a guiar a su equipo por el proceso de los cinco lenguajes del aprecio. A veces, esto ha comenzado en un sector. En algunas organizaciones y empresas, el proceso ha crecido y se ha diseminado naturalmente en toda la compañía.

CATY: "PENSABA QUE CONOCÍA A LOS MIEMBROS DE MI EQUIPO LABORAL"

Déjenos darle un ejemplo final. Como supervisora de distrito de un organismo internacional del servicio social, Caty era consciente de la necesidad de llevar a cabo un proceso de entrenamiento de liderazgo para los líderes más importantes de una región que abarcaba tres estados. Dado que su organización era sin fines de lucro, los miembros del equipo laboral estaban ahí principalmente por un llamado a servir a los demás. Aunque su equipo de trabajo en términos generales era saludable, ella sabía que corrían el riesgo de desgastarse debido a las exigencias continuas del trabajo que hacían y los recursos limitados con que contaba la organización. A través de un curso de entrenamiento sobre liderazgo que Caty estaba haciendo, descubrió el proyecto de los *Cinco lenguajes del aprecio en el trabajo*. Sentía que sus líderes necesitaban aliento y apoyo, pero percibía que no estaba "dando en el blanco" en sus esfuerzos.

Acordamos llevar a cabo una sesión introductoria mediante videoconferencia para los miembros de su equipo laboral que estaban diseminados en distintas sedes. Les presentamos los conceptos de la *Motivación Mediante el Aprecio* y pedimos a cada uno (aproximadamente diez) que hicieran el **Inventario MMA**. Luego coordinamos una videoconferencia de seguimiento para analizar los resultados y explicar en mayor detalle los lenguajes del aprecio en la vida cotidiana; también los ayudamos a crear planes de acción para implementar el proceso. Luego mostramos a los miembros del equipo laboral una tabla del grupo que indicaba el lenguaje principal, el secundario y el menos importante para cada persona. Continuamos realizando un seguimiento con recordatorios por correo electrónico y sugerencias que podían intentar, cada dos semanas durante tres meses.

Los resultados fueron significativos. Caty nos comentó que el hecho de saber de qué manera específica podía alentar a los miembros de su equipo laboral mejoró enormemente el resultado de sus esfuerzos por expresar aprecio. También creó una lista de acciones preferidas para cada uno de los principales lenguajes del aprecio de los miembros de su equipo. Esto les dio a cada uno información específica de cuál era la mejor manera de expresarse aprecio.

Luego Caty dijo: "Pensaba que conocía a los miembros de mi equipo y lo que era importante para ellos, dado que habíamos trabajado juntos durante algunos años. Sin embargo, me di cuenta de que estaba mal orientada con algunos de ellos. Pedirles que identificaran sus lenguajes del aprecio preferidos y que incluyeran especialmente las acciones específicas que eran importantes para ellos me ha ayudado a 'dar en el blanco', incluso a grandes distancias".

Continuó: "Los cambios que se produjeron en nuestro equipo son notables. Nos llevamos mejor y nos apreciamos más de manera genuina. Veo que todos están haciendo un esfuerzo por alentar a los demás cuando notan que alguien tiene dificultades. Aprender a expresar aprecio de manera eficaz se ha convertido en algo 'divertido' para nosotros".

Mientras trabajábamos con Caty, a ella la ascendieron a un nuevo puesto de supervisión en un distrito más grande. Caty nos contó: "Voy a usar la *Motivación Mediante el Aprecio* con mi nuevo equipo. Existe una gran necesidad. Las relaciones no son tan saludables; hay mucha competencia interna con algunas peleas. Necesitan ayuda y herramientas para comunicarse entre sí de manera más positiva. Estoy ansiosa por ver qué pasará. ¡Empecemos!". Actualmente estamos trabajando con Caty para lograr esta meta.

¡MANOS A LA OBRA!

Una de las principales lecciones que hemos aprendido al trabajar con diversos tipos de organizaciones y una amplia gama de miembros de equipos laborales es el siguiente principio:

La diferencia principal entre un plan exitoso y un plan que fracasa es hasta qué punto se intenta aplicar realmente el plan. Es decir, qué medidas correctivas necesarias se toman para que la implementación del plan continúe con el tiempo.

Expresar aprecio y aliento eficazmente no es física nuclear. Las ideas no son tan difíciles de entender desde lo intelectual. Las claves del éxito, como sucede con la mayoría de los cambios de comportamiento, consisten en *comenzar* realmente a implementar los conceptos, "volver a intentarlo" ante los fracasos para seguir trabajando en el plan y estar comprometido a perseverar a largo plazo. De este modo, usted verá los beneficios de sus esfuerzos.

Creemos que el deseo de trabajar (dedicarse a una actividad significativa y productiva, ya sea remunerada o no) es innato en la naturaleza del ser humano. Y la experiencia de disfrutar el trabajo proviene de una combinación de factores: nuestra propia actitud, la práctica de hábitos saludables dentro de las relaciones, el hecho de sentirse afirmado y valorado por los demás, y reconocer que disfrutar del trabajo es un regalo que nos da nuestro Creador.

Es nuestro deseo que miles de empleados y voluntarios encuentren en los conceptos de este libro una herramienta significativa que los ayude a crear un lugar de trabajo más positivo. Creemos que mejorar el ambiente emocional de una organización le ayudará a alcanzar sus metas de manera más eficaz. Si las personas disfrutan de su trabajo y se sienten apreciadas por sus supervisores y colegas, es mucho más probable que muestren lealtad a la organización y que se esfuercen por contribuir a que continúe siendo exitosa.

Si usted considera que este libro le ha sido útil, esperamos que les hable de esto a amigos de otras organizaciones. Mediante una expresión eficaz de aprecio y aliento a los demás, usted puede dar ímpetu y crear un entorno de trabajo más positivo para usted y para los que lo rodean.

Notas

Introducción
1. Mike Robbins, *Focus on the Good Stuff: The Power of Appreciation* (San Francisco: Jossey-Bass, 2000), p. 32.

Capítulo 1: Motivación mediante el aprecio: El concepto
1. Jan Watson y Christine Lapointe, "Motivation through Recognition & Reward", en *Review of Ophthalmology* 12 (16 de mayo de 2005), pp. 29-30.
2. Stephen R. Covey, *The 7 Habits of Highly Effective People* [*Los 7 hábitos de la gente altamente efectiva*] (Nueva York: The Free Press, 1989), p. 241. Publicado en español por editorial Paidós.
3. Marcus Buckingham y Donald O. Clifton, *Now, Discover Your Strengths* [*Ahora, descubra sus fortalezas*] (Nueva York: The Free Press, 2001), p. 171. Publicado en español por Editorial Norma.

Capítulo 2: Para los líderes empresariales: Comprenda cuánto rinde invertir en el aprecio y el aliento
1. Leigh Branham, *The 7 Hidden Reasons Employees Leave: How to Recognize the Subtle Signs and Act Before It's Too Late* (Nueva York: AMACOM, 2005), p. 25.
2. Gallup Q4 en FSA, U.S. Department of Agriculture Farm and Foreign Agricultural Services. En línea, http://hr.ffas.usda.gov/Internet/FSA_File/q4.doc (recurso en inglés).
3. Subhasn C. Kundu y J. A Vora, "Creating a Talented Workforce for Delivering Service Quality", en *Human Resource Planning* 27, N.º 2 (2004), pp. 40-51.

4. John R. Darling y Michael J. Keeffe, "Entrepreneurial Leadership Strategies and Values: Keys to Operational Excellence", en *Journal of Small Business and Entrepreneurship* 20 (2007), pp. 41-54.

5. Fred Luthans, Kyle W. Luthans, Richard M. Hodgetts y Brett C. Luthans, "Positive Approach to Leadership (PAL) Implications for Today's Organizations", en *Journal of Leadership Studies* 8 (2001), pp. 3-20.

6. Paul E. Spector, *Job Satisfaction: Application, Assessment, Causes, and Consequences* (Thousand Oaks, CA: Sage Publications, 1997); Gary P. Latham, ed., *Work Motivation: History, Theory, Research, and Practice* (Thousand Oaks, CA: Sage Publications, 2007).

7. Sami M. Abbasi y Kenneth W. Hollman, "Turnover: The Real Bottom Line", en *Public Personnel Management* (2000), p. 29.

8. J. Fitz-Eng, "It's Costly to Lose Good Employees", en *Workforce* (agosto de 1997), p. 50.

9. T. Oh, "Employee Retention: Managing Your Turnover Drivers", en *HR Focus* 73, N.º 3 (marzo de 1996), p. 12.

10. Gary E. Weiss y Sean A. Lincoln, "Departing Employee Can Be Nightmare", en *Electronic News* (1991, reimpreso el 16 de marzo de 1998), p. 1.

11. Rudy Karsan, "Calculating the Cost of Turnover", en *Employment Relations Today* 34 (2007), pp. 33-36.

12. Brian S. Young, Stephen Worchel y David J. Woehr, "Organizational Commitment among Public Service Employees", en *Public Personnel Management* 27, N.º 3 (1998), pp. 339-348.

13. Jeffrey Pfeffer, *The Human Equation: Building Profits by Putting People First* (Boston, MA: Harvard Business School, 1998).

14. Visite en línea http://www.appreciationatwork.com/resources, para mayor información sobre recursos y asesores disponibles (recurso en inglés).

Capítulo 7: Lenguaje de aprecio N.º 5: Contacto físico

1. Robert T. Golembiewski, *Handbook of Organizational Consultation*, 2.ª ed. (Nueva York: Marcel Dekker, 2000).

2. Jonathan Levav y Jennifer J. Argo, "Physical Contact and Financial Risk-Taking", en *Psychological Science*, Vol. 21, N.º 6 (junio de 2010).

Capítulo 11: La *Motivación Mediante el Aprecio* en diversos sectores industriales

1. Robert Roy Johnson, "Supervising with Emotion", en *Law & Order 55*, N.º 2 (2007), pp. 12-14.
2. Nona Momeni "The Relation between Managers' Emotional Intelligence and the Organizational Climate They Create", en *Public Personnel Management* 38 (2009).
3. Michael D. Akers y Grover L. Porter, "Your EQ skills: Got what it takes? So you thought the CPA exam was your last test? Read on", en *Journal of Accountancy* 195 (2003), pp. 65-66.
4. Visite en línea http://www.mbainventory.com, y haga clic en el botón de "International" para ver las traducciones disponibles.

Capítulo 12: Las características especiales dentro del contexto del voluntariado

1. John Wilson, "Volunteering", en *Annual Review of Sociology* 26 (2000), pp. 215-240.

Capítulo 14: La *Motivación Mediante el Aprecio*: Cómo superar los retos

1. Stephen R. Covey, A. Roger Merrill, y Rebecca R. Merrill, *Primero, lo primero*, (Barcelona: Paidós, 2000).
2. Stephen R. Covey, *Los 7 hábitos de la gente altamente efectiva* (Barcelona: Paidós, 1997).
3. Richard S. Allen y Marilyn M. Helms, "Employee Perceptions of the Relationship between Strategy, Rewards and Organizational Performance", en *Journal of Business Strategies* 1 (2002), pp. 115-139.

Inventario de Motivación Mediante el Aprecio™ (cuestionario individual)

LOS LENGUAJES DEL APRECIO

La investigación ha demostrado que las personas son motivadas y alentadas de distintas maneras. En las *relaciones personales*, el ser humano muestra y recibe aprecio en cinco patrones de comportamiento básicos: palabras de afirmación, actos de servicio, regalos, tiempo de calidad y contacto físico.

Este inventario está diseñado para comprender con claridad el *principal lenguaje del aprecio y la motivación de una persona, según lo experimenta en el ambiente laboral.* Es importante observar que la manera en que un individuo prefiere recibir aprecio en una relación personal (es decir, con familiares o amigos), tal vez, sea diferente de cómo se siente alentado en un ambiente laboral. Y se descubrió que el contacto físico, un lenguaje importante en las relaciones personales, no es tan significativo en las relaciones de trabajo. Como consecuencia, el contacto físico no se incluye en este cuestionario.

Instrucciones

En cada serie de afirmaciones, determine el orden de importancia para usted (1 = el valor más alto, 4 = el valor más bajo). En algunos casos, tal vez sienta que dos afirmaciones tienen la misma importancia. Trate de ordenarlas según su prioridad y elija un solo puntaje (1, 2, 3, 4) para cada afirmación.

%1 _____ Valoro cuando alguien me da su completa atención.

&1 _____ Valoro cuando los demás me ayudan con mis trabajos o proyectos.

*1 _____ Valoro cuando me dicen cuánto aprecian mi trabajo.

#1 _____ Valoro cuando recibo recompensas tangibles por un trabajo bien hecho.

*2 _____ Cuando tengo un día difícil, un elogio realmente me alienta.

%2 _____ Cuando tengo un día difícil, me alienta que alguien me dedique tiempo para escuchar lo que me preocupa.

#2 _____ Cuando tengo un día difícil, recibir un simple regalo de un colega realmente me alienta.

&2 _____ Cuando tengo un día difícil, me alienta que otros me ayuden a hacer las cosas.

#3 _____ Me siento importante cuando las personas dedican tiempo y esfuerzo para comprarme un regalo.

*3 _____ Me siento importante cuando me dicen cuánto aprecian el trabajo que hago.

&3 _____ Me siento importante cuando los que me rodean me ayudan con las tareas que deben realizarse.

%3 _____ Me siento importante cuando mis colegas deciden pasar tiempo conmigo.

&4 ____ Si siento que los que me rodean no me valoran, me ayuda a sentirme mejor que alguien colabore para hacer mis tareas.

#4 ____ Si siento que los que me rodean no me valoran, me ayuda a sentirme mejor que me den un regalo sencillo (una tarjeta graciosa, un postre).

%4 ____ Si siento que los que me rodean no me valoran, me ayuda a sentirme mejor pasar tiempo con personas que considero importantes.

*4 ____ Si siento que los que me rodean no me valoran, me ayuda a sentirme mejor que me feliciten por mi trabajo.

&5 ____ Me siento valorado cuando otras personas trabajan conmigo para cumplir con los proyectos.

#5 ____ Me siento valorado cuando recibo un regalo de un amigo o colega.

%5 ____ Me siento valorado cuando paso tiempo con personas que considero importantes.

*5 ____ Me siento valorado cuando los que trabajan conmigo me dicen que estoy haciendo un buen trabajo.

Instrucciones para colocar los puntajes

1. Inserte los valores numéricos de cada puntaje en el siguiente cuadro.

%1 + %2 + %3 + %4 + %5 = Total para tiempo de calidad

&1 + &2 + &3 + &4 + &5 = Total para actos de servicio

*1 + *2 + *3 + *4 + *5 = Total para palabras de afirmación

#1 + #2 + #3 + #4 + #5 = Total para regalos

2. Observe que el puntaje MÁS BAJO es su principal lenguaje del aprecio (porque este lenguaje recibió más calificaciones de 1 ó 2 como importantes para usted).

Haga una lista de los lenguajes según el orden de preferencia, del puntaje total MÁS BAJO al MÁS ALTO.

Lenguaje n.° 1: _____

Lenguaje n.° 2: _____

Lenguaje n.° 3: _____

Lenguaje n.° 4: _____

El lenguaje n.º 1 es su principal lenguaje del aprecio; el lenguaje n.º 2 es su lenguaje secundario, y el lenguaje n.º 4 es el lenguaje que menos le interesa. Observe que a veces los individuos tienen igual puntuación en dos lenguajes. Eso solo significa que, según este cuestionario, usted le da la misma importancia a estos lenguajes. Probablemente, verá que en algunas situaciones (o con algunas personas) usted le da más valor a uno de estos lenguajes, y que en entornos diferentes y con individuos diferentes, el otro lenguaje es más importante para usted.

3. Ahora le resultará útil identificar algunas acciones específicas dentro de su lenguaje principal que son importantes para usted. Eso también ayudará a quienes trabajan a su lado para que puedan expresarle mejor su aprecio y aliento. Busque en el capítulo de su lenguaje principal ejemplos de acciones posibles y siéntase con libertad para crear sus propias acciones. ¡Usted es el que mejor sabe qué cosas lo alientan!

Principal lenguaje del aprecio: _____

Lista de acciones importantes para mí:

1. _____

2. _____

3. _____

4. _____

5. _____

Apéndice
2

Recursos para usar y compartir con otros

Al trabajar con empresas y organizaciones sobre el modelo de *Motivación mediante el aprecio,* hemos encontrado que reiteradas veces aparecen ciertas preguntas e interrogantes. De modo que hemos desarrollado una serie de fragmentos independientes que abordan estas preguntas que frecuentemente nos formulan.

Analizamos preguntas como:

- ¿Cómo sé cuando mi equipo necesita sentirse apreciado?
- ¿Cuál es la mejor manera (y más económica) de hacer regalos?
- ¿Necesitan los hombres realmente recibir aliento?
- ¿Qué hay sobre los voluntarios?

Es nuestro deseo que estas herramientas sean de provecho para usted y para su equipo laboral.

Cómo detectar algunos indicios no tan sutiles de que sus colegas necesitan sentirse apreciados

Tal vez, esté rodeado de compañeros de trabajo que necesitan recibir palabras de aliento y sentirse apreciados, y usted no lo sabe. No todos llevan un cartel que diga: "Necesito sentirme valorado" o "Próximo al agotamiento: se necesita aliento".

Algunos de nosotros realmente llevamos "carteles" en la cara que hacen que los demás se den cuenta fácilmente de cuándo nos sentimos desalentados o cansados. (Y esperamos que nuestros colegas respondan a nuestros pedidos indirectos de ayuda). Sin embargo, en otras personas es más difícil de detectar: no hablan mucho y tienen un rostro bastante inexpresivo. Además, algunos de nosotros no somos tan buenos para detectar los indicios que nos muestran. Tal vez, nos estén comunicando manifiestamente su angustia, pero no captamos las señales.

A continuación mencionaremos algunos indicios para prestar atención y así saber cuándo los que trabajan con usted podrían necesitar un mensaje de aprecio o aliento:

DESÁNIMO

Desánimo significa literalmente "falta de ánimo". A veces las personas "se desaniman" con el tiempo. Empiezan a preguntarse por qué deberían seguir esforzándose. Cuando usted oye que las personas hacen afirmaciones como: "¿Para qué esforzarme? A nadie le importa" o "Estoy a punto de rendirme y darme por vencido", debería saber que comienza a haber desánimo.

IRRITABILIDAD Y RESISTENCIA

Cuando los miembros del equipo laboral están continuamente irritables, por lo general, están molestos o enojados por alguna razón. Podría estar relacionada con el trabajo o con una circunstancia de la vida personal. Sin embargo, el problema es más grave cuando el empleado muestra resistencia; por ejemplo, resistencia a las instrucciones y a nuevos procedimientos, o resistencia al cambio. A menudo los trabajadores muestran irritabilidad y resistencia cuando no se sienten valorados por lo que hacen.

AUMENTO DEL AUSENTISMO O DE LLEGADAS TARDE

Algunas personas envían mensajes indirectos cuando no están contentos. Faltar al trabajo o llegar tarde constantemente es una manera de decir en forma indirecta: "No quiero estar aquí" o "Realmente siento que a nadie le importo aquí". Aunque es evidente que los supervisores deben ocuparse de las ausencias y llegadas tarde de los empleados, también es importante que le transmitan el valor que tienen para la organización; que lo que ellos hacen en verdad importa.

CINISMO Y SARCASMO

Con frecuencia escuchamos que los gerentes expresan cuán cínica se ha vuelto la plana mayor de la compañía. Los comentarios sarcásticos sobre los procesos y procedimientos nuevos pueden llegar a ser algo habitual. El cinismo y el sarcasmo, muchas veces, son maneras sutiles de expresar enojo y desconfianza. Sin embargo, un suministro constante de genuino aprecio puede comenzar a revertir las actitudes negativas del personal.

APATÍA Y PASIVIDAD

Las personas se vuelven pasivas cuando creen que lo que hacen no es importante y que por más que se esfuercen no conseguirán nada. La apatía (una actitud que indica: "¿Para qué esforzarme?") a menudo genera pasividad. Los trabajadores se esfuerzan menos cuando creen que su supervisor o sus colegas no valoran lo que ellos hacen. Si usted observa un aumento de la pasividad entre los miembros de su equipo laboral, preste atención, porque no pasará mucho tiempo hasta que note un desempeño deficiente en el trabajo.

AISLAMIENTO SOCIAL

Una clara señal que nos advierte que un colega no se siente valorado ni parte del equipo es cuando comienza a aislarse socialmente. Los compañeros de trabajo que se vuelven menos comunicativos no "pasan tiempo juntos", rechazan invitaciones para ir a almorzar o salir después del trabajo y tampoco se comprometen como antes, sino que muchas veces se apartan de sus colegas. A menudo se aíslan, porque sienten que a nadie le importan. Estas personas necesitan recibir aliento y sentirse valoradas por los demás.

AMBIENTE DE TRABAJO NEGATIVO

Por último, cuando el ambiente general de trabajo se caracteriza por un estilo de comunicación negativo, todos necesitan imperiosamente recibir aliento y aprecio. Los comentarios positivos entre los colegas pueden, con el tiempo, disminuir la cantidad de frases hirientes, de reacciones negativas intensas y de comentarios demasiado críticos entre los miembros del equipo laboral; pero se necesita un esfuerzo sostenido y coordinado.

RESUMEN

Si usted presta atención, verá que sus colegas a menudo envían señales claras de que necesitan sentirse valorados por las personas con quienes trabajan. Utilizar los diversos lenguajes del aprecio y los pasos de acción específicos, que ellos han identificado como significativos, dará los mejores resultados para lograr lo que estamos buscando.

Hacer esto levantará la moral dentro del ámbito de trabajo y también afirmará las bases para que sus compañeros sientan que son una parte valiosa del equipo. Los resultados serán evidentes, y todos se beneficiarán.

Cómo recompensar a los voluntarios

Los voluntarios pueden ser los miembros del equipo a quienes es más fácil y, a la vez, más difícil alentar y mostrar aprecio. Es "fácil" alentarlos, porque a menudo sus expectativas no son muy altas (¡a excepción de los voluntarios adolescentes!) y, por lo tanto, cualquier comunicación positiva es bien recibida.

Sin embargo, también es difícil mostrar aprecio hacia los voluntarios por varias razones. En primer lugar, porque muchas veces no están presentes. Tal vez, vienen a ayudar una vez por semana, una vez por mes o solo en ocasiones especiales. Y cuando están presentes, normalmente hay mucho trabajo que hacer, y el supervisor está ocupado en dirigir a muchas personas. En segundo lugar, a menos que hayan sido voluntarios durante mucho tiempo (que es la excepción y no la regla), la persona o las personas que supervisan, por lo general, no llegan a conocer muy bien a cada voluntario. Por ese motivo, no se sabe cuál es la mejor manera de alentarlos.

Hemos descubierto que una experiencia muy beneficiosa para las organizaciones, como parte de su orientación para los voluntarios, es ofrecerles el **Inventario MMA** y luego presentarles el concepto de los lenguajes del aprecio. Lo hemos utilizado con éxito como parte del proceso de "lanzamiento" al inicio del año de servicio de la organización (por ejemplo, al comienzo del año escolar). Esto les transmite inmediatamente a los voluntarios que usted los valora y quiere saber cómo alentarlos en el servicio.

Sin embargo, si usted necesita algunas breves sugerencias que llenen el hueco sobre cómo alentar y expresar apoyo a sus voluntarios, aquí hay algunas que puede implementar de inmediato:

- Dígales palabras positivas de aliento con frecuencia.
- Dígales "gracias" con frecuencia e inmediatamente.
- Refuerce los comportamientos positivos que desea que otros imiten.

- Use a las personas como ejemplos positivos: cuente historias sobre ellas.
- Elógielos delante de otros miembros del equipo laboral o de las personas para quienes trabajan.
- Apréndase los nombres de ellos y utilícelos.
- Acérquese a hablar con ellos cuando llegan y visítelos al final del día antes que se retiren.
- Mírelos a los ojos cuando habla con ellos.
- Proporcióneles normas e instrucciones claras sobre lo que se espera de un "trabajo bien hecho" y luego aliéntelos a medida que tratan de cumplir con lo establecido.
- Pregunte y evalúe en qué son buenos y qué les gustaría hacer. De ser posible, procure que sus habilidades e intereses coincidan con tareas afines.
- Trabaje junto a ellos. Y mientras lo hace, procure conocerlos mejor.
- Pregúnteles si necesitan algo que les ayude a hacer mejor su trabajo.
- Hágales un pequeño regalo con el logo o eslogan de la organización (pero asegúrese de que sea algo que necesiten o valoren) para que tengan un mayor sentido de pertenencia.
- Pídales a los voluntarios que trabajen juntos en grupos pequeños y no en forma individual.
- Ofrézcales alimentos y refrescos durante el horario de trabajo y después.
- Pase algo de tiempo con ellos individualmente. Bríndeles la oportunidad de hacer preguntas sobre la organización y la función que usted desempeña en ella.
- Explíqueles cómo se relaciona el trabajo que ellos hacen con los objetivos de la organización en general y con los objetivos que usted mismo está tratando de cumplir.

El arte de hacer regalos sin comprar "nada"

Los regalos, especialmente en las relaciones laborales, se están convirtiendo, en gran medida, en una cosa del pasado. Ya sea para un aniversario especial del trabajo (por ejemplo, por haber trabajado en la compañía durante cinco años), para un cumpleaños o para mostrar aprecio por el trabajo realizado, las empresas y organizaciones solían hacer regalos para honrar a su personal. Sin embargo, esta práctica es menos común que antes.

Existen varias razones para este cambio:

- La gran cantidad de obsequios simbólicos sin sentido que hemos recibido en el pasado ha dado a los "regalos" una connotación negativa.
- Muchas veces no sabemos qué quieren nuestros colegas.
- La mayoría de las personas no necesita más "objetos"; generalmente tiene lo que necesita (¿quién quiere otra taza de café?).
- Los regalos importantes para ellos a menudo son artículos costosos que no están dentro de nuestro presupuesto (o el de la organización).
- Debido a algunos abusos en el mercado de trabajo, hay temor de ser acusado de usar regalos como una forma de soborno o influencia indebida.
- La mayoría de nosotros no tiene tiempo ni energía para dedicarse a hacer compras.

El hecho es que hay personas con las que trabajamos que siguen valorando los regalos como una muestra de aprecio; incluso podría ser su lenguaje preferido. Entonces, ¿cómo podemos suplir esa necesidad? A continuación hay algunas ideas:

1. Si aún no lo ha hecho, identifique a los miembros del equipo laboral que consideran los regalos como su principal

lenguaje del aprecio o el secundario. (Observación: pocas personas consideran los regalos como su lenguaje principal; por lo tanto, es importante mirar los lenguajes secundarios en la tabla de su equipo de trabajo). A menudo, las personas valoran los regalos (a menos que sea el lenguaje que menos prefieren); pero valoran más los otros lenguajes.

2. Con el paso del tiempo, preste atención a las actividades que les gustan hacer a sus compañeros de trabajo en su tiempo libre. Eso le dará una buena indicación de los intereses de ellos y los lugares adonde les gusta ir a divertirse. Observe si les gusta mirar deportes (y qué equipos) o qué actividades recreativas realizan. Y escuche (e incluso pregunte) a dónde les gusta ir a cenar o a comer un postre.

3. Como afirmamos en el capítulo sobre el lenguaje de los regalos, las personas en nuestra cultura suelen valorar más las experiencias que las cosas. Y a menudo estas experiencias tienen por lo menos un pequeño costo económico asociado a ellas. Por lo tanto, una manera sencilla de hacerle un regalo a un colega es darle los fondos para hacer (o conseguir) algo que disfrute. La mayoría de nosotros no se siente cómoda con regalar (o recibir) dinero en efectivo, por eso la mejor manera de hacerlo es mediante la entrega de vales de regalo, entradas o cupones. Cualquier cosa desde Amazon o iTunes, hasta un día en un spa o una entrada para ver un espectáculo deportivo sería valorado, dependiendo del interés de la persona que lo reciba.

¡Feliz día de compras!

¿Pueden ser contraproducentes los elogios?

Expresar aprecio y aliento a sus colegas, en ocasiones, puede ser contraproducente y causar más problemas, como en las siguientes situaciones:

Cuando una relación es tensa. Si tiene una relación laboral que ha sido tensa y conflictiva en el pasado, tratar de expresar aprecio sin reconocer los problemas que han tenido, probablemente, hará que el mensaje se reciba con frialdad.

Cuando se pasa de una conversación difícil a expresar aliento demasiado rápido. A veces, en el transcurso normal de un día de trabajo, tenemos conversaciones difíciles con nuestros colegas. Podemos no estar de acuerdo con una decisión o tener que confrontar a otros por una falta de cumplimiento. Aunque es apropiado tener estas conversaciones, pasar demasiado rápido de una conversación difícil a tratar de expresar aprecio o aliento a uno de sus colegas parecerá incómodo e incoherente.

Cuando se cambia de comportamiento demasiado rápido. En un intento por responder positivamente a la instrucción, algunos individuos pueden tratar de cambiar su comportamiento demasiado rápido. Por ejemplo, a un supervisor reservado y distante podría animársele a ser más comunicativo. Pero, de repente, se vuelve más efusivo con los elogios, al punto de que usted ni siquiera reconoce a esta nueva persona.

Cuando se transmiten mensajes distintos en contextos distintos. Si usted reprueba a uno de los miembros de su equipo laboral en una conversación privada y después lo elogia delante de otros, podría parecer hipócrita o que trata de impresionar al resto, especialmente si se transmite el mensaje delante de los altos mandos de la compañía.

Cuando sus palabras dicen una cosa, y la expresión de su rostro dice otra. Es como el niño al que sus padres le obligan a pedir "perdón", cuando con su tono de voz, falta de contacto visual y expresión de enojo dice otra cosa. Expresar aprecio cuando no lo sientes hará que el receptor cuestione su sinceridad.

Cuando otras personas "quemaron" el objeto de su aprecio. Por desgracia, algunos trabajadores han tenido vidas difíciles, ya sea por haber crecido en familias disfuncionales, haber padecido maltrato en una relación o haber recibido malos tratos por parte de empleadores anteriores. Los individuos en estas situaciones, a menudo, suelen adoptar una postura de autoprotección y desconfianza. Ven cualquier acción positiva de los demás como un intento de aprovecharse de ellos.

Cuando intenta transmitir mensajes de aprecio poco después de un despido o una reducción de salarios. Cuando una organización o compañía ha tenido que hacer recortes del personal o reducciones salariales, debido a dificultades financieras, los esfuerzos de transmitir aliento o "levantar el ánimo" fracasarán. Los empleados están sufriendo, preocupados y temerosos por el futuro, y tal vez estén dolidos por la pérdida de colegas cercanos. Si un supervisor intenta ser demasiado positivo en medio de las dificultades, podría considerarse insensible y duro, o poco sincero y farsante.

¿CÓMO EVITAR ESTOS ERRORES?

1. **Evalúe sus motivaciones.** Trate solamente de expresar aprecio auténtico y genuino.
2. **Tenga presente el contexto.** Si bien expresar aprecio o aliento, generalmente, es beneficioso, hay momentos y situaciones cuando es mejor esperar.
3. **"Consulte" con un colega de confianza.** Si tiene dudas, ya sea en cuanto al momento apropiado, a su mensaje o a

cómo puede ser recibido, primero hable con alguien que lo conozca bien a usted y conozca bien la situación, y que le pueda dar una opinión sincera. Tal vez, puedan darle algunos consejos sobre cómo y cuándo sería el mejor momento para transmitir su mensaje.

4. **Si tiene dudas, espere.** Casi siempre, vale la pena tomarse tiempo para evaluar una situación y asegurarse de que el mensaje sea bien recibido. Un mensaje demorado, pero bien expresado y recibido, es mucho mejor que uno apresurado que no cumple su función.

Por qué el lenguaje del aprecio que menos valora puede ser el que más afecte su carrera

Un buen gerente presta atención a las necesidades de los miembros de su equipo de trabajo. Por lo general, tenemos más afinidad con quienes se parecen a nosotros; por lo tanto, obviamente, es más fácil que les expresemos aprecio y aliento a aquellos cuyos lenguajes del aprecio principal y secundario son similares a los nuestros.

En consecuencia, tenemos menos probabilidades de comunicarnos eficazmente en el lenguaje personal *menos* importante para nosotros, y esto puede tener grandes consecuencia para el gerente.

No somos tan buenos para comunicarnos en ese lenguaje; no nos fluye con naturalidad. Es más probable que pasemos por alto los indicios sutiles que nos dan los colegas que valoran este lenguaje. Así corremos el riesgo de no mostrar aliento o aprecio a los miembros del equipo laboral en la manera que ellos consideren importante. Es más probable que les expresemos aprecio en nuestros lenguajes preferidos, pero que no son tan significativos para ellos.

Con el paso del tiempo, esos colegas se sentirán subestimados y poco apreciados. Y nosotros comenzaremos a sentirnos frustrados, porque intentamos mostrar aprecio, pero no lo logramos. Finalmente, el desempeño de estos empleados disminuirá, la comunicación negativa alrededor del equipo aumentará, e incluso podríamos llegar a perder trabajadores valiosos.

Felizmente, se pueden tomar algunas acciones para contrarrestar este proceso.

1. Reconozca que el lenguaje del aprecio que menos valora no es tan importante para usted, *pero* que es un talón de Aquiles potencial en su relación con los demás.
2. Identifique a los colegas para quienes el lenguaje que usted menos valora es el lenguaje principal o el secundario.

3. Haga una lista de las acciones específicas que son importantes para cada miembro del equipo laboral (por ejemplo, palabras de afirmación). Téngala a mano a lo largo del día.

4. Haga una lista de acciones con un plazo de tiempo para tomar medidas específicas respecto de esos miembros del equipo (por ejemplo, programe un recordatorio semanal que aparezca en su calendario). Si no lo hace, ¡olvidará hacer algo en el lenguaje de ellos!

5. Hable con ellos de vez en cuando para saber si se sienten apoyados por usted y si hay una manera mejor de mostrarles aprecio. (Recuerde que este es un ámbito de crecimiento necesario para usted).

RESUMEN

No hace falta decir que los supervisores y gerentes que cuentan con miembros del equipo laboral que no se esfuerzan por alcanzar su máximo potencial, que crean un ambiente de trabajo negativo y que abandonan la organización por sentirse insatisfechos, por lo general, no tendrán tanto éxito como las organizaciones que tienen equipos de trabajo que funcionan bien, que son muy productivos y cuyos miembros permanecen en el tiempo. *Es importante, para usted y su carrera*, que preste atención al lenguaje del aprecio que usted menos valora y la manera en que este afecta a la relación con sus colegas. Si toma algunas medidas activas, en realidad, podrá usar ese "punto débil" para su beneficio y convertirse en un supervisor más eficiente.

Cómo reconocer y manejar el "efecto rareza"

P. **¿Qué es el "efecto rareza"?**

R. El "efecto rareza" es una reacción común que ocurre en los equipos de trabajo cuando se les presentan los lenguajes del aprecio, y comienzan a implementar los conceptos.

P. **¿Cuáles son las señales más comunes de personas que sienten "rareza" con respecto al modelo del aprecio?**

R. Temor. El temor es el síntoma más común asociado con el factor rareza. Temor de que otros piensen que usted está comunicando aprecio "simplemente porque se supone que debe hacerlo". Temor de que los demás piensen que su comunicación no es auténtica o genuina. Temor de que su aliento no dé resultado o no sea bien recibido. El segundo aspecto más común del "factor rareza" es la incomodidad. Pedimos que las personas intenten hacer algo nuevo, e intentar un nuevo comportamiento casi siempre produce sentimientos raros.

P. **¿Por qué sucede?**

R. El ser humano casi siempre quiere que el resto piense bien de él. No nos gusta que otros cuestionen nuestras motivaciones, de modo que tendemos a esperar para hacer algo, hasta que sentimos que los demás creen que lo estamos haciendo por la razón correcta. En segundo lugar, no queremos exponernos a la vergüenza al hacer algo que nos produce incomodidad. Por eso esperamos hasta "sentir que es algo más natural"; lo cual raras veces ocurre sin practicarlo.

P. **¿Qué podemos hacer para reducir la "rareza" que las personas pueden experimentar?**

R. Reconocer que existe. "Está bien, todos nos sentimos un poco extraños con respecto a estas cosas". Luego, implementarlo, sin esperar que la rareza desaparezca. Muchas veces, alentamos a las personas a usar frases de preámbulo como: "Sé que podrías pensar que estoy haciendo esto solo para cumplir con el proyecto del aprecio, pero realmente valoro cuando tú...". Después de un tiempo, los compañeros observan que todos en la práctica están intentando relacionarse con los demás de una manera nueva, y esto se convierte en la norma.

P. ¿Hay algo más que deberíamos saber acerca del "factor rareza" y qué hacer al respecto?

R. Relajarse y no preocuparse por ello. Siga adelante y actúe; haga algo para poner en práctica los conceptos del aprecio en sus relaciones. Practicar el patrón diariamente, en realidad, hace que la rareza desaparezca más rápido (su repetición, no el tiempo, es lo que disminuye nuestros temores). Finalmente, ofrézcales a sus colegas el beneficio de la duda; suponga que lo están haciendo en serio y que son sinceros. Hace falta coraje para comunicar aprecio en un ámbito laboral, donde no ha sido una práctica corriente. Luego, deles las "gracias" por el esfuerzo.

Los verdaderos hombres no necesitan recibir aliento (Falso)

A veces oímos que alguien con el que trabajamos dice: "No necesito que otros me alienten"; "No necesito que me digan que estoy haciendo un buen trabajo"; "Yo me aliento a mí mismo. Otros, tal vez, necesiten sentirse apreciados; yo no".

Sin embargo, cuando ahondamos un poco más en estas personas (y para ser francos, por lo general, son hombres), nos damos cuenta de que tienen una definición muy limitada del aliento y el aprecio. Por lo general, lo que quieren decir es: "Recibir elogios y felicitaciones verbales no es tan importante para mí" (lo cual, quizá, sea cierto). Y muchas personas han aprendido a motivarse a sí mismas en vez de esperar aliento y apoyo de los demás, lo cual está bien.

Veamos este asunto desde un punto de vista un poco distinto. En primer lugar, reconozcamos que, por lo general, trabajar ya es difícil, especialmente a largo plazo. Trabajar sería fácil si solo se tratara de eso: hacer nuestro trabajo. Pero la realidad es que existen retos y obstáculos de todo tipo que hacen que nuestro trabajo sea más difícil. Considere la siguiente lista de situaciones comunes que nos ocurren todos los días en el trabajo:

- Problemas con la computadora.
- Los demás no hacen el trabajo a tiempo o correctamente.
- Pérdida de clientes a manos de competidores.
- Pagos que llegan tarde.
- Dificultades financieras (fondos que no ingresan, préstamos no aprobados).
- Problemas con el personal, empleados que renuncian.
- Cuestiones personales/familiares, problemas de salud.
- Problemas con el transporte (embotellamientos de tránsito, demoras con los aviones).
- Pérdida de correspondencia o correos electrónicos.

- La fotocopiadora o la impresora no funcionan.
- Falta de materiales necesarios para hacer el trabajo.
- Reuniones importantes atrasadas.
- Cambios impuestos por los líderes de la organización.
- Dificultades económicas que afectan negativamente las ventas o la financiación.
- Cambios en las normas y los reglamentos, que requieren más trabajo.

Todos enfrentamos uno o más de estos retos cada semana. Y esto es lo que nos desgasta y lo que dificulta nuestro trabajo.

Ahora bien, aunque hay algunas personas que no necesitan muchas palabras de reconocimiento, si además suprimimos las distintas clases de recompensas intrínsecas con hacer el trabajo, la realidad es otra. Todos necesitamos aliento para seguir adelante; y este puede llegar de diferentes formas. Considere los siguientes beneficios que podemos experimentar al hacer nuestro trabajo:

- Un sentimiento personal de bienestar cuando terminamos una tarea.
- El logro de una clientela habitual o recomendaciones de nuevos clientes.
- El desarrollo de nuestras habilidades y nuestra experiencia.
- Aprender a hacer mejor las tareas (a veces por medio de los errores).
- Una compensación económica (pago por bienes y servicios).
- La obtención de ganancias.
- El aprecio de clientes y usuarios.
- Las felicitaciones de los demás (colegas, proveedores, clientes, competidores, amigos del rubro).
- Las sugerencias de bienes o servicios nuevos y perfeccionados que usted puede ofrecer.
- Crear una reputación positiva en la comunidad.
- El reconocimiento de sus pares (organizaciones profesionales,

asociaciones comerciales, premios de organizaciones civiles).

- Publicidad en medios locales y regionales (diarios, publicaciones comerciales, televisión).
- La capacidad de hacer crecer su negocio/organización y brindar sus servicios a más personas.
- Ofrecer productos de calidad o servicios de gran nivel.
- Recibir llamadas de clientes que quieren concretar citas y pasar más tiempo con usted (almuerzos, reuniones de negocios).
- Comentarios y felicitaciones por parte de quienes trabajan con usted.

Por lo tanto, esto nos coloca frente a la realidad. Consideremos las circunstancias de la primera lista, suprimamos todas las recompensas positivas de la segunda lista y digamos con sinceridad si a largo plazo, no nos desgastaríamos y, finalmente, nos desalentaríamos. El trabajo requiere de tiempo, energía física y mental, y esfuerzo emocional. Si no nos incentivaran con algunos comentarios positivos, terminaríamos "agotados".

Todos necesitamos aliento, solo que de diferentes maneras. Por lo tanto, no permita que lo engañe o lo confunda el "tipo duro" que dice: "Los verdaderos hombres no necesitan aliento". Tal vez, él no necesite escucharlo verbalmente tanto como otros. Pero averigüe cuál es su verdadero lenguaje. En algún momento, él también necesitará aliento.

Cómo recompensar a sus empleados sin gastar mucho dinero

Unos de los problemas más grandes que las empresas y organizaciones de cualquier tipo enfrentan en la actualidad es la falta de recursos financieros. Vivimos una nueva era, donde las ganancias son más escasas en el sector empresarial, las contribuciones son menores para las organizaciones sin fines de lucro, y los presupuestos sufren reducciones en el sector gubernamental. Casi todas las organizaciones tienen que hacer más con menos. Esto genera mucho estrés, ya sea entre los gerentes y supervisores, como entre los empleados e incluso los voluntarios. Hay menores recursos para aumentos, bonificaciones y beneficios adicionales, que eran comunes en el pasado (como por ejemplo, el uso de los vehículos de la compañía o entradas para espectáculos deportivos), e incluso fiestas de la compañía.

Al mismo tiempo, los miembros del equipo de trabajo tienen que lidiar con la pérdida de compañeros de sus secciones y soportar una mayor carga laboral. Los presupuestos para capacitación o actualización técnica han sido recortados. Los recursos son limitados en todas partes. Más exigencias y menos recursos llegan a ser la receta perfecta para el estrés. Y el estrés, a largo plazo, conduce al desgaste y al desaliento.

CÓMO COMUNICAR APRECIO DE MANERA SIGNIFICATIVA

Esto es lo que las investigaciones muestran como maneras efectivas de comunicar aprecio y aliento a los miembros del equipo laboral, *sin tener que gastar mucho dinero.*

1. **Asegúrese de que su comunicación sea personal y se ajuste a cada individuo.** La clave para mostrar aprecio y aliento de forma eficaz es que el receptor sienta que lo que usted le está diciendo es genuino y que se ha tomado tiempo para

pensar en él personalmente. De otro modo, se ha descubierto que un correo electrónico general, que diga: "Gracias por el buen trabajo realizado" a un gran número de personas de la organización, en realidad, genera una respuesta negativa por parte de la mayoría de los miembros del equipo, dada su naturaleza impersonal y la percepción del mínimo esfuerzo empleado.

2. **"Hable el lenguaje" de la persona que está tratando de alentar.** Si la acción que tomamos para comunicar aprecio a nuestros colegas no es importante para ellos, hemos malgastado nuestro tiempo y esfuerzo. Este es el motivo por el cual desarrollamos el **Inventario MMA**: para identificar el lenguaje del aprecio preferido de cada miembro del equipo laboral y para especificar las acciones que más valora cada uno.

3. **Los lenguajes del aprecio que las personas valoran más no tienen que costar mucho dinero.** Seguramente, a casi todos les gustaría una bonificación o un aumento, pero para la mayoría de las organizaciones no es posible. Para resumir, las maneras en que las personas experimentan aprecio en el lugar de trabajo se clasifican en cinco categorías:

- **Palabras de afirmación**

- **Tiempo de calidad**

- **Actos de servicio**

- **Regalos**

- **Contacto físico**

La mayoría de estas cosas no cuesta nada económicamente (incluso los regalos no tienen que costar tanto). Entre los ejemplos se incluyen:

- Una nota de su supervisor que lo felicite por el buen trabajo realizado.

- Un miembro del equipo laboral que pase por su oficina por unos minutos solo para saber cómo está.
- Un colega que note que usted está "tapado" de trabajo y que se ofrezca a ayudarle.
- Una tarjeta de regalo que reciba como una recompensa por terminar un proyecto grande.
- Una ronda de felicitaciones de parte de los compañeros de trabajo después de terminar una presentación importante.

Ninguna de estas cosas cuesta mucho dinero. Pero la clave es poder usar la acción indicada con la persona indicada, en el momento indicado y con un espíritu de aprecio genuino. Así sus acciones "darán en el blanco" y serán eficaces en alentar a aquellos con quienes usted trabaja.

Las diez maneras más fáciles de expresar aprecio a casi todos

1. **Elógielos verbalmente** (dígales: "Gracias por..."; "Me alegra que seas parte del equipo").

2. **Escríbales un correo electrónico** ("Quería decirte que..."; "Realmente eres de ayuda para mí cuando...").

3. **Vaya y vea cómo les está yendo a sus colegas.** Pase algunos minutos simplemente conversando con ellos para ver cómo están.

4. **Haga algo junto con sus compañeros de trabajo**, como por ejemplo, salir a comer.

5. **Haga una tarea pequeña por alguien en forma espontánea** (ábrale la puerta a alguien, ofrézcase a llevar algo).

6. **Pase por el lugar de trabajo de ellos y vea si necesitan ayuda para terminar una tarea.**

7. **Cómpreles un café, un refresco, una merienda o un dulce.**

8. **Regáleles una revista relacionada a un tema que a ellos les interese** (deportes, pasatiempos, un lugar que quisieran conocer).

9. **Felicítelos cuando terminen una tarea** (especialmente una tarea difícil o una tarea que vienen haciendo desde hace cierto tiempo).

10. **Salude a sus colegas afectuosamente, con una sonrisa y un apretón de manos y deles una cálida bienvenida** (algo así como: "¡Qué bueno verte!"; "¿Cómo estás hoy?").

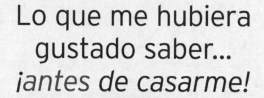

Lo que me hubiera gustado saber...
¡antes de casarme!

**Consejos para novios,
recién casados y los matrimonios
que quieren reencontrarse**

GARY CHAPMAN
AUTOR DEL ÉXITO DE VENTAS
Los cinco lenguages del amor

El reconocido escritor y consejero matrimonial, Gary Chapman, cree que el divorcio es el resultado de la falta de preparación para el matrimonio y de la incapacidad para aprender a trabajar juntos como compañeros de equipo íntimos. Este libro práctico está lleno de sabiduría y de consejos para poder disfrutar de un matrimonio afectuoso, en el que ambos se apoyan y resultan beneficiados. Es el tipo de información que al mismo Gary le hubiera gustado tener antes de casarse.

ISBN: 978-0-8254-1229-5

Disponible en su librería cristiana favorita o en www.portavoz.com

La editorial de su confianza

Aprenda a evitar los conflictos con los demás y manejar los encuentros difíciles de forma constructiva. No importa cuánto ame, le simpatice o quiera llevarse bien con alguien, tarde o temprano tendrá un desacuerdo con esa persona. Como resultado de años de consejería a individuos y parejas, investigaciones y sabiduría bíblica, Alan Godwin ha elaborado un análisis fácil de entender acerca de los conflictos "buenos" y "malos".

ISBN: 978-0-8254-1281-9

Quebrantamiento. Comunión. Actitud de siervo. Obediencia. Estos rasgos constituyen el marco de un *Liderazgo perdurable*. Al examinar cada rasgo, Loritts socava muchas ideas muy comunes sobre el liderazgo que no son bíblicas. Según Loritts, Dios no busca a líderes como el mundo lo hace. Él busca discípulos, e irónicamente, a la medida que estos discípulos le siguen, se convertirán en líderes.

ISBN: 978-0-8254-1378-0

Disponible en su librería cristiana favorita o en www.portavoz.com

La editorial de su confianza

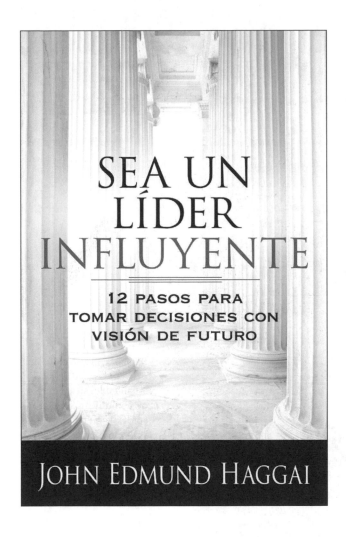

SEA UN LÍDER INFLUYENTE

12 PASOS PARA TOMAR DECISIONES CON VISIÓN DE FUTURO

JOHN EDMUND HAGGAI

Mientras que otros libros sobre el liderazgo se centran en los métodos que, lamentablemente, deben ir cambiando con el paso del tiempo, este libro analiza las características esenciales del liderazgo de éxito, que perduran por mucho que cambien las cosas.

ISBN: 978-0-8254-1334-6

Disponible en su librería cristiana favorita o en www.portavoz.com

La editorial de su confianza

Un clásico en la enseñanza de los principios de liderazgo usando biografías de eminentes hombres de Dios como Moisés, Pablo, Spurgeon, etc. Incluye guía de estudio.

ISBN: 978-0-8254-1650-7

Presenta el ejemplo del liderazgo del apóstol Pablo: Su espíritu formidable, su manera y capacidad de comunicar, su vida de oración y su devoción a Cristo.

ISBN: 978-0-8254-1665-1

Disponibles en su librería cristiana favorita o en www.portavoz.com

La editorial de su confianza